저는 한 명의 학생을 컨설팅하는 일도, 1천 명의 사람들을 앞에 두고 강의하는 일도 함께 합니다. 그런데 책을 쓰면 수만 명의 사람이 영향을 받을 수 있습니다. 이 모든 것이 바로 제가 지식을 추구하는 목적입니다.

책을 읽지 않는 사람들에게는 책을 읽는 것을 강조하고, 책을 읽는 사람들에게는 어떤 책을 읽느냐가 중요하며, 책을 잘 선별하여 읽는 사람들에게는 책을 통해 얻은 지식을 어디에 사용하느냐가 중요합니다.

저는 이것을 '버드뷰Bird View'에 종종 비유합니다. 내비게이션 디스플레이 중에 약간 높은 위치에서 새가 아래를 내려다보듯이 보는 방식을 말합니다. 일정한 높이를 유지한 채 삶을, 생애를, 인생을, 평생을 조망하고, 이를 위한 다양한 정보와 깊은 지식체계를 바탕으로 최적의 판단을 내리게 도와주는 것, 이것이 바로 높이의 독서입니다.

그런데 지식세대가 누구인가를 규정하는 것이 중요한 것이 아니라,
우리가 살고 있는 이 시대가 '지식시대'라는 사실이 더 중요하다.

서재의 마법

서재의 마법

개정 1판 1쇄 발행 2021년 7월 30일

지은이_김승·김미란·이정원
펴낸이_김영선
기획_양다은
교정·교열_이교숙, 남은영
경영지원_최은정
디자인_바이텍스트
마케팅_신용천

펴낸곳 (주)다빈치하우스-미디어숲
주소 경기도 고양시 일산서구 고양대로632번길 60, 207호
전화 (02) 323-7234
팩스 (02) 323-0253
홈페이지 www.mfbook.co.kr
이메일 dhhard@naver.com (원고투고)
출판등록번호 제 2-2767호

값 16,800원
ISBN 979-11-5874-124-2

지식 세대를 위한
좋은 독서
탁월한 독서
위대한 독서법

서재의 마법

김승·김미란·이정원 지음

미디어숲

차례

추천사
여는글 1. 2. 3.

서재 인터뷰
'첫 번째 만남'

서재는 회복 그루터기

베일을 벗은 베이스캠프 서재 _ 28

베이스캠프, 숨겨진 내공의 세계 _ 33

지식의 목적은 '사람'이다 _ 37

폭과 깊이의 독서 _ 46

높이를 통한 버드뷰 _ 49

토탈리티로 가는 베이스캠핑 _ 52

독서의 영향력과 변화 가능성 _ 56

인생의 베이스캠프 _ 62

베이스캠프와 베이직라이프 _ 63

좋은 독서, 탁월한 독서, 위대한 독서 _ 66

서재 인터뷰
'두 번째 만남'

서재는 역사의 궤적

라이프센터, 유일한 서재 _ 84

클래스, 존, 센터 _ 87

독서 기록의 시작 _ 91

독서로 타인의 삶을 돕는다 _ 96

나 자신을 위한 멘토링 _ 109

'길이'가 만든 '높이'와 '깊이' _ 115

연속적인 하루가 만든 결과 _ 118

행복을 찾아서 _ 123

디스플레이, 모든 것의 역사 _ 128

서재 인터뷰
'세 번째 만남'

서재는 본질과 변화를 잇는 다리

본질을 추구하는 분야가 있다 _ 145

세상에서 가장 깊은 수업 _ 151

논리적 사고를 건너 창의적 사고로 _ 157

독서의 깊이가 만들어낸 '물맛' _ 160

본질은 변화로 가는 튼튼한 다리 _ 167

미래학자는 현재의 신문을 본다 _ 177

책이 쏟아지는 속도 따라가기 _ 181

변화를 보는 눈 _ 184

시대의 흐름을 읽는 빅히스토리 독서 _ 188

서재는 희망을 찾는 인간극장

서재 인터뷰 '네 번째 만남'

시대를 읽어내는 다른 방식 _ 197

서재 속 새로운 세상 _ 202

미디어의 넓이와 깊이 _ 205

미디어를 통한 '높이'의 조망 _ 214

'정리'를 넘어서는 '정돈' _ 218

상식을 넘어버린 시간계산 _ 226

스승의 스승이 서재에 있다 _ 232

삶의 스타일을 따라가다 _ 235

인생과 존재 전체의 아바타 _ 237

베이스캠프에서의 최고의 만남 _ 240

지금 어디에 있고, 어디로 가고 싶으세요? _ 248

맺음말

"어려움을 극복할 만한 자신만의 방법이 있습니까?"

"네, 있습니다."

"어떤 방법인지 소개해 줄 수 있을까요?"

"저는 삶의 문제상황 유형에 따라 스스로 마음을 추스르는 책과 영상목록을 가지고 있습니다."

"문제상황이라면?"

"외로움, 억울함, 답답함, 절망감, 실망감, 실패감, 열등감 등 아주 많습니다."

"그러한 상황 극복방법을 혹 다른 사람들과 공유할 수 있겠습니까?"

오래 전, 자기경영 아카데미에서 김승 선생과의 첫 만남은 무척 인상적이었습니다.

그에게는 왠지 특별한 젊음이 있었습니다. 셀프리더십의 방법론을 터득한 그의 모습에 깊은 감명을 받았습니다.

그리고 십여 년이 흐른 뒤, 그를 무대 위에서 다시 만났습니다. 그간 얼마나 성장했고 성숙했는지 대번에 그의 표정과 언어에서 엿볼 수 있었습니다. 김승 선생과 함께 전국을 돌며 투어강연을 진행하였는데, 그는 매번 비슷한 질문을 피하고 새로운 긴장감을 만들며 저와의 대담을 즐거워하였습니다. 저 역시 그 순간 큰 행복을 느꼈습니다. 무엇보다 제가 쓴 여러 책이 그의 생애주기에 적절한 지침서가 되었다는 말을 듣고 더없이 행복했습니다.

김승 저자는 정말 열정이 넘치는 사람입니다. 기대가 됩니다. 그가 앞으로 펼칠 인생이 궁금합니다. 제가 그를 신뢰하는 것은 어떤 화려함 때문이 아니라, 그의 '서재' 때문입니다. 그의 서재, 그 하나만으로 김승 선생은 저에게 신뢰를 줍니다. 어떤 변화가 올지라도 그는 그 서재에서 학습하고 사고하며 읽고 쓰는 삶을 살 것입니다.

이 책이 이 땅의 학생들과 기성세대들에게 '아름다운 서재 하나를 짓는 꿈'을 심어주는 역할을 했으면 하는 바람입니다.

공병호 박사

서재 여행

"매번 다른 지식을 창조하는 삶이 힘들지는 않으세요? 그리고 그렇게 힘들게 만들어낸 지식을, 이렇게 쉽게 다른 사람들에게 나눠주셔도 되는지 궁금해요. 샘솟는 에너지의 근원을 알고 싶습니다."

이 질문에 대한 답을 얻기 위해 오랜 시간 그와 동행하였다. 그의 모든 근원은 바로 그 서재 안에 있었다. 어쩌면 그와 함께 한 오랜 시간은 서재에서의 짧은 만남을 얻기 위한 조건이었을지도 모른다. 거대한 미로 같은 서재도 충격이었지만, 서재 한쪽 바인더책장 역시 잊을 수가 없다. 그는 그 중 첫 번째 바인더를 꺼내 나에게 보여주며 말했다.

"제가 왜 이렇게 힘들게 사냐고요? 그 이유는 바로 여기에 있습니다."

'서재 인터뷰'를 위해 방문했던 서재. 작은 도서관처럼 2만여 권의 책과 연구결과가 잘 정리되어 있다.

자신만의 지식체계인 바인더를 맞춤으로 제작하여 테마 서재를 구성하고 있다. 그에게 바인더는 독서를 통해 얻은 지식을 통합하고 융합하여 가치를 생산하는 시스템이다.

'인생사용설명서'라는 바인더는 그 자체로 한 권의 책으로 출간하고 싶을 정도로 정리가 잘 되어 있었다. 그는 그 바인더 속에 인생의 소명, 사명, 비전을 구분하고 삶의 방향과 방법을 정리해 놓았다.

그는 나의 인터뷰 질문에 서재 곳곳으로 인도해 책을 보여주거나 간단한 설명을 해주었다. 서재를 가득 채운 삼나무 향기와 더불어 나는 바인더들을 펼쳐보았다. 마음 같아서는 그 블록 전체에 꽂힌 수백 권의 바인더를 전부 읽고 싶었다.

나는 그가 자신의 인생에 대해 설명해 놓은 부분을 자세히 읽어보았다. 15개의 자기선언 중 '소명'에 관한 부분이 먼저 눈에 들어왔다.

"나의 소명Calling은 내가 존재하는 목적이다. 나는 교육혁신가, 교육선교사, 지식선교사의 삶을 위해 태어났다. 내가 어느 곳에 있든지 나는 '교육'이라는 영역에서 패러다임을 바꾸는 혁신의 삶을 살 것이다. 내가 깨달은 모든 지식은 나를 위한 것이 아니라 타인을 위한 지식이다. 나는 그 지식을 아낌없이 공유하고 나누며 살아갈 것이다. 이것이 바로 내가 존재하는 이유, 오늘도 살아야 하는 이유, 내 심장이 뛰는 이유이다. 나는 이것을 위해 태어났고, 이것을 이룬 뒤 흙으로 돌아갈 것이다."

15가지 항목이 모두 흥미로웠다. 자신이 누구인지, 어디에서 왔는지 어디로 가는지, 무엇을 소중하게 여기는지, 선택의 기준은 무엇인지……, 그가 생각하는 인생의 성공과 행복에 대해 친절하게 설명하고 있었다. 마지막 항목은 그의 묘비명이었다.

"폴 김 박사, 신에게서 받은 재능과 시간을 모두 사용하고 여기 잠들다. 녹슬어 멈출 바에는 차라리 다 닳아서 사라지리라는 일생의 뜻을 이루고 여기 흙으로 사라지다!"

서재 한 구석에 서서 바인더를 읽으며 시간과 공간의 감각을 잊은 채, 나는 새로운 세상에 서 있었다. 끝이 없는 책장과 책들, 각 책장마다 나무 색깔의 입체글자를 파서 예쁘게 붙여진 이름들. 바로 이곳이 그의 근원이었다. 샘물처럼 그의 지식이 샘솟는 곳이었다. 기대감과 부담감이 동시에 밀려왔다. 수많은 질문들을 쏟아내어 모든 비밀을 밝혀내고, 이 삶을 세상에 꺼내주고 싶은 열망이 일어났고 동시에 과연 짧은 서재 만남을 통해 그것이 가능할까 두려운 마음이 몰려왔다.

이 서재의 처음 시작은 어떻게 출발하였을까, 책은 어떻게 선정해 구입하고 배치하며 읽을까, 독서의 방법론이 있을까, 독서 이후 책의

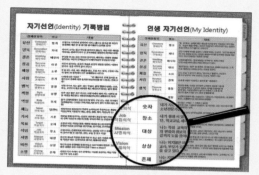

'인생사용설명서' 바인더. 공예디자이너가 직접 하나밖에 없는 바인더를 만들어주었다고 한다. 그는 가끔 바인더강의를 한다.

그는 25종의 청소년 바인더와 12종의 대학 성인용 바인더를 모두 사용 및 분석해 본 뒤, 자신만의 바인더 형식과 내용을 창조하였다. 바인더를 열면 제일 앞에 '인생사용설명서'가 보인다. 존재하는 이유부터 죽을 때의 묘비명까지 그는 자신을 친절하게 설명하고 있다.

내용을 기록하고 흔적을 남기며 활용하는 방법은 무엇일까, 독서를 통해 축적된 지식을 데이터로 저장하는 분류체계는 무엇일까…….

오랜 시간 그와 동행하면서 그에게 오래 배운 삶보다, 단 며칠간의 서재 인터뷰가 더 깊고 넓은 충격을 주었다. 이제 그분과 함께 했던 내용을 추려 세상에 내놓는다.

이 책은 누가 읽으면 좋을까? 학생들, 학교 교사들, 교육전문가들, 그리고 모든 지식세대에게 선물하고 싶다. 작고 아름다운 서재 하나를 만들어보는 꿈을 가슴에 새겨주고 싶다.

지식을 만나고 지식을 창조하는 방법, 그래서 다가오는 세상에 흔들림 없는 행복과 가치를 추구하기를 바라는 마음뿐이다.

저자 김미란

시간 + 공간 + 의미 = 베이스캠프

저는 베이스캠프 디렉터입니다. 더 정확히 말하자면 김승 교수의 '라이프디렉터'입니다. 이 책에서의 베이스캠프는 '서재'를 말하며 저는 그의 서재를 함께 설계하였습니다. 공간을 설계하고, 인생의 시간에 공간을 더하는 방법을 설명해 주었죠. 어떻게 인생을 디렉팅하는지 방법이 궁금하다면 책을 끝까지 읽어보십시오. 제 모습이 보일 겁니다.

제가 그의 인생에 베이스캠프가 필요하다고 했을 때 그는 '방향'을 구했습니다. 그는 저와의 만남에서 시간과 공간이라는 개념의 베이스캠프를 이해했습니다. 자신의 삶에 특별한 시간과 공간을 만들었고,

그곳에 의미를 채우기 시작했습니다.

시간 + 공간 + 의미 = 베이스캠프

바로 그 순간부터 그의 '삶(Life: 인생)'은 새로운 '삶(Psalm: 노래)'으로 바뀌기 시작했습니다. 오랜 세월이 흘러, 저는 그의 베이스캠프를 표준화시키자고 제안하였습니다. 제가 가까운 미래 이야기를 하면(Story Telling), 그는 곧바로 미래를 현실로 가져와 행동으로 옮깁니다(Story Doing). 그래서 베이스캠프를 세상에 꺼내보자고 한 것입니다. 왜냐하면 아주 가까운 시기에 그가 자신의 서재에 있는 모든 '지식'을 DB로 바꾸어 아이패드에 넣어버리고 서재를 통째로 공중분해할 수도 있겠다 싶어서입니다.

아직 많은 지식세대가 베이스캠프의 큰 그림과 섬세한 과정을 경험하지 못하였습니다. 집필을 함께 구상하고 원고가 완성되기 일주일 전, 제가 그의 서재를 방문했을 때 이미 서재는 원고를 시작했을 때와 다른 구조로 송두리째 바뀌어 있었습니다.

저는 태생적으로 퍼스트무버입니다. 퍼스트무버First Mover는 남보다 먼저 움직이는 사람을 뜻합니다. 먼저 움직인다는 것은 남보다 앞서 '그림을 그린다' 혹은 '새로운 판을 짠다'라고 해석할 수 있습니다. 그러고 보니 저는 지금껏 줄곧 큰 그림을 조금 앞서 그려왔던 것 같습니다. 인터넷과 방송의 융합을 처음으로 시도한 덕분에 방송국 최초의 웹PD

로서 뉴미디어 시장을 열게 하는 계기를 만들었고, 손 안의 TV라고 불리는 DMB 또한 처음 세상에 뿌리내리는 데 일조를 하게 되었습니다.

그런데 IT의 눈부신 발달로 인해 아무리 새로운 것을 만들어도 약간의 시간이 흐르면 이 모든 것이 과거가 되어버리는 것을 동시에 목격하였습니다. 그래서 찾아낸 것이 사람에 대한 큰 그림이었습니다. 사람을 준비시키고, 사람을 바꾸면 지속가능한 변화를 만들어낼 수 있다고 확신하였기 때문입니다.

제가 시대를 바라보며 새로운 그림을 그리는 모든 프로그램에 김승 교수는 제 날개가 되어주었습니다. 제가 그린 그림을 보고 가장 빨리 이해하며 곧바로, 그 그림을 체계로 만들어주었기 때문입니다. 아마 이 책을 꼼꼼하게 따라가다 보면 '그림'이 '체계'로 바뀐다는 것이 무엇인지 이해하게 될 것입니다. 끊임없이 지식을 축적하고, 가장 세련되게 가공하며, 그 지식에 가치를 불어넣는 그의 삶 전체가 이 책에 고스란히 담겨있습니다. 가능하다면 그의 베이스캠프를 참고하여 각 가정에 작고 아름다운 서재가 하나씩 설계되어 만들어지기를 기대해 봅니다.

저자 이정원

공항 검색대에 걸린 가방

"팔 내려주세요. 네, 이상 없습니다."

"감사합니다."

"잠깐만요. 고객님, 죄송합니다. 가방 내부를 열어서 보아야 할 것 같습니다."

모바일 스탠트
그리기 테블릿
읽기용 아이패드
메인 바인더
지식축적 바인더

하루 1권 방향독서
일정관리 폰
하루 1권 방법독서

17인치 가방
테블릿 키보드

강의용 포인터
예비배터리
커넥터
그래픽용 노트북
글쓰기용 노트북

이젠 놀라지도 않는다. 나에게는 공항에서 자주 일어나는 일이다. 보안검색대에서 가방이 의심스러워 열어보자고 한다. 수많은 기기와 케이블이 한데 모여 있으니 이상해 보이는 게 당연하다. 어쩔 수 없다. 하루의 동선이 복잡할 때는 강의, 컨설팅, 수업, 미팅, 집필이 섞여 있다. 이럴 때는 풀세팅으로 준비를 해서 나가야 한다. 가방이 복잡할 수밖에 없다. 그래도 최근에는 그나마 정리가 잘 되어 있는 편이다.

　일단 난 매일 작은 책 두 권은 기본적으로 가지고 다닌다. 한 권은 인생의 '방향'에 관한 책이며 다른 한 권은 인생의 '방법'에 관한 책이다.

　책을 읽을 때는 습관적으로 2트랙을 유지한다. 적절한 균형을 항상 유지하려는 것이다. 아침에 두 권의 책을 가지고 나올 때의 선정기준은 여러 가지이다. 지성과 감성, 방향과 방법, 원대함과 치열함, 미래와 현재, 종교와 과학, 인문학과 성공학 등의 균형이다.

　비품 중 갤럭시 노트는 철저하게 그림그리기 및 스케치 용도이다. 이 기기는 서재에 있는 대형 화이트보드와 연결되어 있다. 화이트보드에 그린 그림은 갤럭시 노트를 활용해 세부적으로 다듬는다. 강의기획, 작품구상, 콘텐츠 설계 및 구조화 등의 작업이 갤럭시 노트로 이루어진다. 아이패드 미니 레티나는 오로지 모바일 독서와 강의를 위해 특화된 기기이다. 반복적으로 읽어야 할 책, 페이지 분량이 너무 많은 책, 종이 가독성이 떨어지는 책 등 용도에 따라 iBooks에 세팅하여 가볍게 읽는다. 종이책과 아이패드리딩을 연동하면 어떤 일이 벌어질까. 일단 독서의 필요와 종류에 따른 구분과 창의적 독서가 일어난다. 또

서재의 입구에는 내가 집필한 책의 디스플레이를 제외하면, 대부분 신간만 비치한다.

집필실의 입구에는 현재 준비 중인 강의연구, 진행 중인 집필별 소책자와 제자들에게 보내는 독서편지들이 디스플레이 되어 있다.

한 읽은 책의 활용도가 폭발적으로 향상된다. 삼성노트북은 글쓰기 용도로 사용하고, 맥북은 그래픽 용도로 사용한다.

그러고 보니 이 커다란 가방은 사무실과 같은 존재이다. 내가 머무는 모든 곳이 지식사무실이 될 수 있다. 그리고 이 가방 안을 채우는 모든 지식은 나의 베이스캠프 서재와 연동되어 있다. 또한 서재의 모든 데이터베이스는 웹 드라이브와 클라우드에 동기화되어 있다. 이것이 나의 삶이고 나의 일상이다.

궁금해하는 사람들이 있다. 저자는 언제부터 이 서재에 머물렀을까. 사는 집과 서재는 언제부터 분리되었을까. 서재에서는 도대체 어떤 일이 일어날까…….

"어떻게 지식을 관리하세요? 책은 어떻게 읽으세요? 서재는 어떻게 구성하죠?"

뭐라 답하기가 어려웠다. 왜냐하면 단순한 지식관리 스킬을 말하고 싶지는 않았기 때문이다. 하지만 이제는 소개하려고 한다. 나의 삶과 내공이 서재를 통해 만들어지고 있다는 비밀을 밝히고 싶다. 그러나 이것이 유일한 답은 아닐 것이다. 부끄러운 속살을 드러내는 일이 될 수도 있다. 그래도 용기를 낸다. '방향'을 구하는 이들에게 '방향'을 보여주는 게 나의 최종 목적이기 때문이다.

저자 김승

가장 발전한 문명사회에서도

책은 최고의 기쁨을 준다.

독서의 기쁨을 아는 자는

재난에 맞설 방편을 얻은 것이다.

_랄프 왈도 에머슨

일러두기
본문에 쓰인 폴(P)은 김승 저자의 강사명이자 닉네임으로,
김승 저자를 지칭합니다.

시대가 변할수록, 그리고 그 변화가 클수록 독서를 통한 지식축적의 기준이 중요해질 겁니다. 스스로 생산하고 정리할 힘을 갖지 못하면 결국 다른 사람이 만든 지식을 따라갈 수밖에 없어요.

서재는
회복 그루터기

베일을 벗은 베이스캠프 서재

서재는 파주에 있다. 입구에 들어서자마자 거대한 책장대열이 앞을 가로막는다. 그리고 코끝으로 삼나무 향기가 강하게 밀려온다. 바닥과 벽의 자재, 그리고 모든 책장이 삼나무이다. 이곳이 바로 P의 베이스캠프 서재이다.

미란은 P의 인사를 받고 서재로 들어섰다. 그는 미란에게 따뜻한 차 한 잔을 건넸다. 미란은 차를 들고 마치 미술관을 관람하듯 걷기 시작

베이스캠프 전경

입구 전경

바인더룸

전체 옆 전경

했다. 걸었다는 표현이 적당하다. 수많은 책장의 미로 사이를 걸어야 했기 때문이다. 책장 이외에는 정말 아무것도 없는 공간이다. 얼핏 보아 6개 정도의 공간으로 이루어져 있다.

거의 모든 책장에는 정성껏 파내려 간 입체 글씨로 주제가 새겨져 있다. 햇볕이 잘 드는 곳에는 의자가 놓여 있어, 읽고 싶은 책을 발견하면 바로 그 자리에서 읽을 수 있게 했다. 책과 관련된 몇 가지 소품들도 눈에 들어온다. 도서관에서나 사용하는 이동용 책 카트, 높은 곳의 책을 정리하는 사다리, 그리고 신간이나 잡지를 놓는 책꽂이, 거대한 디지털 복사기……. 가장 안쪽 구석에는 긴 벤치가 있어 마치 공원에서 책을 읽는 듯한 분위기 연출도 하고 있다.

어느 방은 거대한 화이트보드로 벽이 가득 채워져 있다. 화이트보드에는 모래알 같은 글씨와 그림이 가득하다. 가장 안쪽에는 집필실이 있는 듯하다. 그곳에는 거대한 브라운관과 기업에서 사용하는 복사기 및 모니터들, 많은 미디어기기들이 정렬되어 있다.

이런 여러 공간에 대해 P는 아직까지 이렇다 할 설명을 하지 않는다. 오늘 P는 미란이 그저 자연스럽게 베이스캠프를 거닐고 느꼈으면 하는 바람인 것 같다.

제일 구석 쪽의 방에 들어선 미란은 한 책장 앞에서 멈춰 섰다. 책장 하단에는 '지식 수첩'이라고 마킹이 되어 있다. 그 속에는 많은 수첩이 꽂혀 있었는데 이는 미란이 7년 전 선물로 받았던 그 수첩과 같은 것들이었다. 미란은 손에 들고 있던 자신의 수첩을 펴 들고 메모를 시작했다. 질문을 적어 내려갔다.

| 사다리 | 이동카트 | 잡지꽂이 | 복사기 | 보면대 |

| 제단기 | 태블릿 | 벤치의자 |

바로 여기가 미란이 정말 궁금해했던 P의 베이스캠프이다.

많은 지식세대는 자기만의 베이스캠프인 '꿈의 서재'를 갖고 싶어 한다. 지식세대는 누구를 말하는가. 나이로는 20대 이상의 모든 이를 말할 수 있을 것이다. 그런데 지식세대가 누구인가를 규정하는 것이 중요한 것이 아니라, 우리가 살고 있는 이 시대가 '지식시대'라는 사실이 더 중요하다.

어떻게 인생의 방향을 잡아야 할지 모르는 대학생들, 가정과 직장 사이에 끼어 성장과 성숙을 담보 잡힌 채 다람쥐처럼 달리는 이 시대의 아버지들, 그리고 가장 앞서서 지식을 만나고 그 지식을 다음 세대에게 전달하고 있는 수많은 교육전문가…….

그들에게 지금 필요한 것은 바로 지식과 만날 수 있는 자신만의 베이스캠프이다. P 역시 오랜 시간 베이스캠프를 꿈꾸며 책을 읽고, 읽은

책을 소중히 간직하며 꿈을 축적해 왔다.

미란은 지금 그 장소에 서 있는 것이다. 자신만의 시간과 공간을, 의미로 채울 줄 아는 이들은 자기만의 서재를 가지고 있다. 꼭 서재가 아니어도 보물상자를 숨긴 장소라도 가지고 있다. 그곳에서 쉼과 다시 일어날 힘을 얻는다.

　P는 오래 전부터 꿈꾸던, 자신만의 장소가 늘 있었다. 그는 영화를
보며 로망을 키웠다. 설국열차의 "엔진은 영원하다!"라는 엔진실, X맨
영화의 찰스 교수의 서재, 이소룡의 유일한 스승 엽문이 말없이 연습

영화 속 힘의 근원이 되는 '베이스캠프'

설국열차 엔진 칸

X맨 교수의 서재

엽문의 수련장

아이언맨의 작업실

하던 수련장, 아이언맨의 지하 작업실, 배트맨의 지하벙커, 오블리비언의 탐크루즈가 비행기를 타고 날아가서 낮잠을 자던 숲속 오두막……, 모두 꿈의 장소들이었다.

미란은 그와 편안하게 대화하면서 서재 인터뷰를 진행해야겠다는 생각이 들었다. "폴샘, 디테일한 부분은 다음 인터뷰에 하고, 오늘은 좀 편안한 마음으로 서재를 구경해도 될까요?"

"제가 원하는 바입니다. 꼭꼭 숨겨둔 저의 부끄러운 서재를 공개하는 인터뷰이기에 다소 설레고 조급한 마음이 있지만, 무언가를 보여주어야 한다는 부담은 없습니다."

베이스캠프, 숨겨진 내공의 세계

P는 자신의 가방 안에서 태블릿을 꺼냈다. 그러고는 그림 하나를 그렸다. 산을 그리는 것 같았다. 정상에 깃발 하나를 그리고, 산 아래 출발점에 깃발 하나를 그렸다. 정상과 베이스캠프였다.

"모든 정상 아래에는 베이스캠프가 있습니다. 무슨 광고 카피 같죠?"

"실제 광고 카피인데요."

"이것은 이 시대 모든 지식세대가 갖추어야 할 내공의 모형입니다. 정상에 도착하여 깃발을 꽂은 모습이 너무나 아름답지만, 그 정상 아

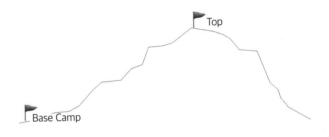

래에는 반드시 베이스캠프가 있다는 겁니다. 방향을 점검하고, 준비상
태를 확인하며, 기후를 파악하고, 팀워크를 다지는 위치 말입니다."

"그러니까. 정상의 모습을 배우지 말고, 그 이면에 있는 베이스캠프
를 배우라는 것이군요."

"맞습니다."

"그런데 그 베이스캠프는 구체적으로 무엇인가요?"

"지식세대의 서재입니다."

P는 다시 태블릿을 들고, 이미 있는 그림 위에 선을 연결하여 더 큰
그림을 그렸다.

산 정상이라고 생각했던 그림이 바다 위에 보이는 빙산의 조각으로
작아지고, 그 아래에 거대한 조각이 보였다. P는 미란에게 '무대 위에
서 보이는 모습' 뒤에 숨겨진 거대한 그 무엇인가를 보여주고 싶었던
것이다.

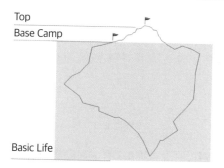

"저의 서재는 베이스캠프이지만 이것은 상징적인 공간입니다. 베이스캠프보다 더 위대한 것은 그 공간을 시간으로 채우는 노력입니다. 저는 그것을 '베이직라이프'라고 합니다. 오랜 세월 서재의 공간을 채운 근본적인 땀, 눈물, 노력, 기다림 등을 모두 담아내는 것입니다. 따라서 저를 배우려면 저의 베이스캠프인 '서재'를 이해하여야 합니다."

P는 가방에서 아이패드를 꺼냈다. P는 아이북스를 열어 그가 공부법 강의를 시작하기 전에 읽었던 책을 보여주었다.

"하나, 둘, 셋, 넷…… 열 둘, 이렇게 일곱 줄이니까 84권. 공부법 강의 하나를 위해 읽은 책이라고요? 하나의 주제로 강의하시기 전에 이 정도의 책을 읽는다는 거죠! 이것이 바로 베이직라이프인가요?"

"맞습니다. 이것이 저의 베이직라이프입니다. 그리고 이 기기 안에 들어 있는 이 책들은 전체의 일부일 뿐입니다. 이 분야의 책이 모두 모여 있는 저의 지식체계는 따로 있습니다."

P는 화면을 바꿔 사진 하나를 보여주었다. 책과 논문이 가득 꽂힌
책장의 모습이었다. 그런데 자세히 보니 대부분 다 학습에 관한 책들
이다. 그리고 관련 논문들도 제본이 되어 깔끔하게 배치되어 있었다.

공부법 관련 도서

며칠 뒤, 미란에게 소포가 하나 도착했다. P가 보낸 것이다. 상자를 열어 보니 족히 50개가 넘는 작은 수첩들이 들어 있었다. 전에 본 지식 수첩과 같은 것이었다. 이렇게 P와 미란의 동행은 시작되었다.

미란이 P의 서재를 방문한 것은 오랜 시간 그와의 동행을 통해 받아 낸 티켓인지도 모른다. 그리고 오늘 드디어 그의 베이스캠프와 베이직 라이프를 엿볼 수 있는 순간이 다가온 것이다.

지식의 목적은 '사람'이다

"혹시 이 서재의 이름이 있나요?"

"그냥 서재입니다. 가족이 그렇게 불러요. 함께 살고 있는 집이 있는데 원래 그곳에도 서재가 있었어요. 아내와 아이들이 그곳을 서재라고 불렀습니다."

"가족이 서재를 인정해 주었군요. 자녀들이 어린 것으로 알고 있는

데, 서재를 특별한 곳으로 인정해 주기가 쉽지 않았을 것이라 생각해요. 가족의 지지가 필수군요."

"맞습니다. 만약 집에 거실 외에 방이 단 하나라면 제 아내는 그 방을 서재로 주었을 겁니다. 이 서재는 아내와 가족이 저에게 준 선물입니다."

P는 서재를 드나들 때마다 아내에게 고마움을 느낀다. 결혼을 하고 세 아이를 키우며 오랜 시간 살아오면서 그를 가장 잘 이해하고 격려해 준 사람이기 때문이다. 강의를 주업으로 하는 사람들은 대부분 그렇지만 기업에 소속된 경우가 아니라면 수입이 불규칙하다. 초창기 P에게도 결코 피할 수 없는 부분이 불규칙한 수입과 경제적 불안함이었다. 그럴 때마다 아내는 먼저 눈치를 채고 P가 위축되지 않도록 배려해 주었다.

"책값은 아끼지 마세요. 다른 것은 함께 줄여도 되지만, 책은 당신의 전부잖아요. 책을 사는 건 우리 가족의 미래를 위해 투자하는 것이라 생각하세요."

서재의 모토

RIGHT TIME PERSON BOOK

"폴샘, 이 서재에 혹 어떤 콘셉트가 있나요?"

"콘셉트라기보다는 모토가 있습니다."

"꼭 필요한 사람에게, 꼭 필요한 시기에, 꼭 필요한 책을 소개해 주는 것입니다."

"매우 인상적인데요."

"미국도서관협회의 초기 모토입니다. 사실은 제가 오래 전 독서치료 전문가 과정을 거칠 때 배운 모토입니다. 그때 이후 제 서재의 모토가 되었죠."

"결국 사람을 돕기 위해 이 서재가 존재하는 것이군요."

"한 사람을 가르치고 키우는 것은 1천 명을 살리는 것과 같습니다. 교육을 바로 세우는 것은 나라를 살리는 길입니다. 저는 한 명의 학생을 컨설팅하는 일도, 1천 명의 사람들을 앞에 두고 강의하는 일도 함께 합니다. 그런데 책을 쓰면 수만 명의 사람이 영향을 받을 수 있습니다. 이 모든 것이 바로 제가 지식을 추구하는 목적입니다."

P는 태블릿에서 자료 하나를 꺼내 화면에 띄웠다. 수많은 인물의 얼굴이 정리되어 있었다.

"인류역사 천 년을 바꾼 20세기 인물을 정리한 자료입니다. 영향력의 사이즈를 측정하여 나름의 순위를 정한 것이죠. 히스토리채널에서 만든 영상입니다. 저는 10년 전 이 자료를 보고 자료에 등장하는 인물들을 간단하게 한 명씩 자료화하고 분석하였습니다."

지구 역사상 가장 큰 영향력을 끼친 인물이라면 충분히 연구할 가치가 있다. P는 100명의 목록을 자세히 보여주며 각각의 인물이 어느 정도 랭킹에 올랐는지 보여주었다. 미란은 그런 영상 자체가 매우 새로웠고, 또한 그 영상에 등장하는 인물 100명을 연구했다는 사실도 특별했다.

한참을 보여주다가 P는 목록에서 세 명의 인물에 표시를 하였다. 아돌프 히틀러, 나폴레옹, 마오쩌둥이다.

순위	이름	직업	행적
1	요하네스 구텐베르크	발명가	1400-1468. 활판 인쇄술의 발명으로 인류 문명의 획을 그음
2	아이작 뉴턴	과학자	1642-1727. 근대과학 창시. 수학 물리학 아버지. 만유인력
3	마틴 루터	신부	1483-1546. 종교 개혁자
4	찰스 다윈	과학자	1809-1882. 자연과 동물을 관찰-자연환경에 따른 진화론 가설
5	윌리엄 셰익스피어	작가	1564-1616. 배우, 작가, 시인. 햄릿. 베니스의 상인
6	크리스토퍼 콜럼버스	탐험가	1451-1506. 아메리카 대륙 발견
7	칼 마르크스	공산주의자	1818-1883. 공산주의 아버지
8	알베르트 아인슈타인	과학자	1879-1955. 원자력의 아버지. 상대성 이론
9	니콜라우스 코페르니쿠스	교회행정관	1473-1543. 행정관의 일을 마치고 저녁에 연구. 태양계 이론
10	갈릴레오 갈릴레이	과학자	1564-1642. 거만할 정도로 자신감. 망원경 발명 하늘 관찰
11	레오나르도 다빈치	과학자	1452-1519. 다양한 호기심으로 발명. 모나리자. 최후의 만찬
12	지그문트 프로이트	심리학자	1856-1939. 꿈과 무의식 속에서 인간을 치료하는 방법 발견
13	루이스 파스퇴르	과학자	1822-1895. 효모와 박테리아 연구의 선구자, 백신 발견
14	토머스 에디슨	발명가	1847-1931. 더 이상 발명할 물건이 없다고 특허청 폐지 주장

15	토머스 제퍼슨	철학자	1743-1826. 교육자, 철학자, 건축가, 발명가
16	아돌프 히틀러	정치인	1889-1945. 인종 우월주의, 빈민굴 출신, 2차 세계대전, 웅변가
17	마하트마 간디	시민운동가	1869-1948. 무저항 비폭력 불복종운동. 변호사. 조국의 독립
18	존 로크	사상가	1632-1704. 제헌 민주주의의 기틀 마련.
19	미켈란젤로	예술가	1475-1564. 25세 '피에타', 29세 '다비드상', 4년 천장 '천지창조'
20	애덤 스미스	경제학자	1723-1790. 스코틀랜드의 경제학자. 돈의 개념을 가르침.
21	조지 워싱턴	미국 대통령	1732-1799. 미국의 초대 대통령. 스스로 물러날 줄 아는 지도자
22	칭기즈칸	몽고 황제	1162-1227. "최고의 기쁨은 적을 정복하는 것이다" 대제국건설
23	에이브러햄 링컨	미국 대통령	1809-1865. 학교 1년. 독학으로 법공부. 노예해방. 게티스버그연설
24	토마스 아퀴나스	철학가. 신학자	1225-1274. 중세 신학의 대가. 논리적 사고와 신앙의 공존 증명
25	제임스 와트	발명가. 기술자	산업혁명의 아버지. 제조업의 활성화. 증기기기관의 발명
26	볼프강 아마데우스	작곡가	1756-1791. 천재적인 음악가. 3세부터 연주. 6세부터 작곡
27	나폴레옹	혁명가	1769-1821. 프랑스 대제국을 건설. 위대한 독서가. 야심가
28	요한 제바스티안 바흐	작곡가	1685-1750. 독학. 평생 800곡 작곡. 200년 뒤에 인정받기 시작
29	헨리 포드	엔지니어	1863-1947. 자동차 제작. 산업 혁명의 주인공. 자동생산 라인
30	루드비히 반 베토벤	음악가	1770-1827. 아버지의 학대. 청력상실의 고통을 음악으로 극복
31	왓슨과 크릭	과학자	1928-현재/1916-현재. DNA의 발견 노벨상 수상, 유전공학
32	데카르트	사상가	1596-1650. 근대철학의 아버지. "나는 생각한다, 고로 존재한다"
33	마틴 루터 킹	목사	1929-1968. 미국 흑인 인권운동의 상징. 비폭력 운동 주도
34	장자크 루소	사상가	1712-1778. 타락한 인간성의 회복, 사회계약, 민주주의 선포
35	블라디미르 레닌	정치인	1870-1924. 러시아의 혁명. 공산주의 사상을 수립

36	알렉산더 플레밍	과학자	1881-1955. 페니실린의 발견. 치명적인 병원균을 박멸시킴
37	볼테르	사상가	1694-1778. 프랑스의 위대한 계몽 사상가, 연설과 풍자로 개혁
38	프란시스 베이컨	철학자	1561-1626. 철학자, 정치가 및 근대 과학의 선구자. 경험주의
39	단테	작가	1265-1321. '신곡'을 대중의 언어로 작품을 만들어냄
40	라이트형제	발명가	1867-1912/ 1871-1948. 자전거상 운영. 프로펠러 비행기 36미터
41	빌게이츠	프로그래머	1955-현재. 컴퓨터의 황제
42	멘델	수도사	1822-1884. 유전의 법칙을 발견한 오스트리아의 수도사
43	마오쩌둥	중국 주석	1893-1976. 중국 공산 혁명의 지도자
44	알렉산더 그레이엄 벨	발명가	1847-1922. 전화기를 발명
45	윌리엄	정복자	1028-1087. 잉글랜드를 정복한 최초의 외국인. 잉글랜드 제국
46	마키아벨리	저술가	1469-1527. 정치와 권력에 대한 이론을 세움
47	찰스 베비지	프로그래머	1792-1871. 컴퓨터의 아버지, 컴퓨터를 최초로 설계함
48	울스턴 크래프트	여성운동가	1759-1797. 여성들의 권리 옹호, 여성 해방, 법률을 제정
49	고르바초프	소련 대통령	1931-현재. 소련 개방정책, 냉전체제를 끝냄
50	마거릿 생어	간호사	1879-1866. 뉴욕 빈민가에서 간호사로 활동, 성교육의 실천
51	에드워드 제너	의학 연구가	1749-1823. 천연두의 예방법을 발견, 1977년 천연두 사라짐
52	윈스턴 처칠	영국 수상	1874-1965. 신념을 심어준 정치인. 세계대전 국민에게 용기 심음
53	마리 퀴리	과학자	1867-1934. 남편과 함께 방사선 원소 발견. 방사선 치료의 길
54	마르코 폴로	상인	1254-1324. 동양의 문물과 지식을 서양에 처음 전파함
55	마젤란	탐험가	1480-1521. 최초의 세계일주를 달성함. '지구가 둥글다'를 확인
56	캐디 스텐턴	여성운동가	1815-1902. 미국 최초의 여성 운동. 여성의 독립 선언을 주도

57	엘비스 프레슬리	가수	1935-1977. 대중의 문화에 새로운 패러다임을 선사. 로캔롤
58	잔다르크	혁명가	1412-1431. 10대. 영국과의 전쟁에서 프랑스를 지켜냄
59	임마뉴엘 칸트	독일 철학자	1724-1804. 인간의 이성이 옳고 그름을 판단할 수 있다는 철학
60	루즈벨트	미국 대통령	39세 소아마비. 경제공황과 전쟁위기 넘김. 4번이나 대통령 연임
61	마이클 패러데이	발명가	1791-1867. 전기, 발전기, 전동기 등의 전기 시대 열었음
62	월트 디즈니	만화가	1901-1966. 사람들의 가슴에 만화를 통해 꿈과 행복을 심어줌
63	제인 오스틴	영국 작가	1775-1817. 책을 통해, 인간 내면에 대한 깊은 통찰력을 보여줌
64	파블로 피카소	화가. 예술가	1881-1973. 고정관념을 허물고 새로운 관점을 일깨워줌
65	베르너 하이젠베르크	물리학자	1901-1976. 양자역학과 불확정성의 발견. 에너지작용 원리 발견
66	그리피스	작가. 연출가	1875-1948. 장편 영화의 시대를 열었다
67	블라디미르 주보르킨	엔지니어	1880-1982. 텔레비전의 상품화에 기여
68	벤저민 프랭클린	발명가외교관	1706-1790. 미국 독립선언서의 초안 작성
69	윌리엄 하비	의학연구가	1578-1657. 심장과 혈액순환의 관계 규명. 현대 생리학의 근간
70	그레고리우스 7세	교황	1020-1085. 정치와 종교를 분리시킴. 교회의 부패를 척결
71	해리엇 터브먼	시민 운동가	1820-1913. 미국 남부에서 노예와 흑인을 탈출시키는 운동
72	시몬 볼리바르	정치가	1783-1830. 자유전도사. 남미에서 스페인 군대를 몰아냄
73	다이애나 스펜서	영국 찰스 왕세자비	1961-1907. 에이즈환자, 어린이, 약자 배려. 지뢰 반대운동
74	엔리코 페르미	과학자	1901-1954. 방사선의 아버지. 원자력의 아버지
75	그레고리 핀커스	의사	1903-1967. 피임약의 아버지. 세계 인구를 낮추는 데에 일조
76	비틀즈	가수	문화 혁명가들. 반항적인 청년 문화의 통로가 됨
77	토마스 홉스	영국 철학자	1588-1679. 정부에 대한 국민의 권리. 법치주의 선언
78	이사벨라 1세	스페인 여왕	1451-1504. 새로운 탐험의 시대를 열게 하였음

79	요셉 스탈린	소련 지도자	1879-1953. 세계대전 이후 45년간의 냉전 체제 구축
80	엘리자베스 1세	영국 여왕	1533-1603. 영국의 최고의 제국 건설
81	넬슨 만델라	남아공대통령	1918-현재. 인종정책에 저항. 흑인 인권 위해 구속
82	닐스 보어	물리학자	1885-1962. 원자의 비밀을 밝혀냄. 세계적인 평화운동에 참여
83	표트르 대제	러시아 황제	1672-1725. 러시아의 근대화. 유럽의 학문을 러시아로 받아들임
84	굴리엘모 마르코니	발명가	1874-1937. 무선 전신기를 발명. 전화기와 라디오 발명에 도움
85	로널드 레이건	미국 대통령	1911-2004. 독일의 동서의 냉전장벽을 무너뜨리는 데에 노력
86	제임스 조이스	문학가	1882-1941. 현대문학의 혁명가. 대담한 표현과 의식의 흐름
87	레이첼 카슨	생물학자	1907-1964. 환경에 대한 경고. 살충제 사용을 제한시킴
88	로버트 오펜하이머	과학자	1904-1967. 원자탄의 아버지. 자신의 발명을 후회함
89	수잔 안토니	여성운동가	1820-1906. 미국 여성의 투표권을 위해 헌신. 여성 평등권
90	루이 다게르	카메라기술자	1787-1851. 새로운 사진술을 개발하여 사실적인 화면 담기
91	스티븐 스필버그	영화 감독	1947-현재. 전인류적인 차원의 이야기, 감동을 전달함
92	나이팅게일	간호사	1820-1910. 크림전쟁에 참여 부상당한 병사 살림. 병원 세움
93	엘리노어 루즈벨트	퍼스트레이디	1884-1962 박해받는 사람들을 대변해줌, 소아마비 남편 도움
94	페이션트 제로	아프리카 인	에이즈 최초 환자. 에이즈가 인간에게 전염될 수 있음을 보여줌
95	찰리 채플린	영화배우	1889-1977. 80여 개의 무성영화. 약자들에게 웃음과 희망의 선사
96	엔리코 카루소	성악가	1873-1921. 최초로 자신의 음악을 녹음한 음악가
97	조나스 소크	의학 연구가	1914-1995. 소아마비 백신 발견
98	루이 암스트롱	재즈 연주가	1902-1971. 전세계 재즈 전파. 인종의 벽 허물기
99	바스코 다가마	탐험가	1460-1524. 아시아를 찾아 떠났지만, 아프리카 희망봉 발견

"여기에 등장하는 인물 대다수의 공통점이 무엇인지 아세요?"

"세계적으로 알려진 인물들이죠."

"나폴레옹, 마오쩌둥, 히틀러는 위대한 독서가들이었습니다. 나폴레옹과 마오쩌둥은 전쟁터에서도 책을 읽을 정도였지요. 나폴레옹은 52년 동안 8천 권의 책을 읽었어요. 마오쩌둥이 소장하고 있던 책에는 동그라미와 밑줄, 자신의 감상평이 빼곡히 적혀 있었습니다. 그는 고전, 문학, 역사, 철학 등을 넘나들며 책과 신문, 잡지 등을 가리지 않고 읽었습니다. 히틀러 역시 전쟁 중에도 매일 밤 한 권 이상의 책을 읽지 않고는 잠자리에 들지 않는 사람이었어요. 중학교 중퇴자인 히틀러는 과도한 독서로 자신의 지적 불안을 억누르고 살았다 합니다. 히틀러의 서재에는 1만 6천여 권의 책이 있었습니다."

P의 표정이 매우 진지하였다. 어쩌면 이 서재의 존재 목적을 설명하고 싶었는지 모른다. 독서 그 자체가 모든 것을 완성시키는 것은 아니다. 독서를 통해 어떤 생각을 하고, 무엇을 낳느냐가 중요하다는 것이다. P가 보여준 인물의 영향력 랭킹에는 마하트마 간디(17위)보다 히틀러(16위)가 더 높은 랭킹을 차지하고 있다.

"책을 읽지 않는 사람들에게는 책을 읽는 것을 강조하고, 책을 읽는 사람들에게는 어떤 책을 읽느냐가 중요하며, 책을 잘 선별하여 읽는 사람들에게는 책을 통해 얻은 지식을 어디에 사용하느냐가 중요합니다.

그런 의미에서 지식의 목적이 선하고 아름다워야 합니다. 저의 이런 생각을 더욱 명확하게 정리해 줄만한 책이 있어요. 바로 『독서독인』이라는 책입니다. 이 책에는 독서가 어떤 사람들에게는 독毒이 될 수도 있다는 경고를 담아내고 있어요."

북 코너 - 독서법

폭과 깊이의 독서

다양한 분야의 책을 읽는 것은 '폭'을 넓히는 독서이다. 한 권의 책을 읽으면서 주제에 대한 체계와 단계 등을 이해하고 정리할 수 있다면 이는 '깊은' 독서이다.

"책은 종류에 따라 활용의 차이가 있습니다. 물론 이는 독자에 따른 주관적 분류입니다. 왠지 빨리 읽히는 책이 있습니다. 한편 매우 천천히 읽히는 책도 있습니다. 읽은 뒤에 아무것도 건질 게 없는 책도 있습니다. 어떤 책은 책 전체를 자료로 만들 수도 있습니다. 이처럼 다양한 기준이 생겨나고 그에 따른 분류가 생깁니다."

"그 기준을 어떻게 알 수 있을까요?"

"절대시간이 필요합니다. 일정 시간, 일정 양의 독서를 통해 체득하는 것입니다. 그러나 만약 제 설명을 듣고 나름의 기준을 터득한다면 시간을 줄일 수도 있겠죠."

"책을 구분해서 정해 주는 것은 아니겠죠?"

"당연합니다. 판단은 자신의 몫입니다. 저는 제 기준을 소개해 줄 뿐입니다."

P가 생각하는 지식세대의 '깊은 독서'는 매우 심플한 기준이다. 인문학 분야의 책처럼 사고의 깊이를 말하는 것이 아니라, 실용적인 차원에서 활용도가 높은 책을 말한다. 책 한 권을 분석하여 그 전체를 자료화하여 활용 가능한 상태로 최적화하는 것을 말한다. 한 권을 가볍게 읽어 한 가지 통찰을 얻는 것이 아니라, 그 책의 유용한 자료를 최대한 지식구조로 도출하는 방식이다.

"지식전달자에게 꼭 필요한 독서가 바로 '실용독서'입니다. 이는 사용가능한 내용을 찾는 독서이죠. 활용할 수 있는 내용을 찾는다는 것은 이미 책을 읽기 시작할 때 판단이 되는 것입니다. 이미 알고 책을 선정하고, 책을 구입하고, 책을 읽은 것이죠. 혹시 의도하지 않은 상태로 읽게 되더라도 독서 초반에 판단이 되는 경우가 많습니다."

책 한 권에는 다양한 자료가 들어있다. 이 자료를 어떻게 활용하는가는 독자의 몫이다. 예시로 든 책 『나만의 북극성을 찾아라』의 경우 위에서 제시한 자료체계표에 해당하는 세부적인 내용들의 자료목록을

모듈	챕터	제목	핵심이슈	포트폴리오 시트	줄거리 목차	핵심스토리	진로메시지	고민편지	학생사례	직업인
1 진로인식	01	북극성을 찾아라	목표유형 구분	목표진단과 다짐 글 / 함께배우 진로에세이 / 목표문제분석보고서	북극성을 찾아라 / 하이라이트 클립 / 속도보다 중요한 것은 방향이다	진로 동아리 가 구성되는 과정 과 캐릭터 소개	"진로는 방향이다" "속도보다 중요한 것은 방향이다"	"꿈에 관심이 없어요" (목표)	시트사례 에세이 (목표)	광고 전문가
	02	공부하는 이유	진로와 공부	진로 이유와 다짐서 / 나의 보물찾기에세이	미래 없는 공부영웅들/ 공부마 레화...도/ 보물찾기여행/	진로와 공부를 연결시키는 직한 고민 나눔	"공부가 미래다" "이유를 알 때까지 공부한다"	"이유를 모르겠어요" (공부)	시트사례 에세이 (공부)	외환 딜러
	03	제대로 가고 있나	진로과정 분석	5단계 진로단계 위치 / 현재단계의 노력다짐 / 아름다운 진로설명서	빠지 못한 날개/ 뒤여버린 잠재력/ 내가 만든 한계/ 똑같이 간다/ 반복하거나 빨리가거나/	진로의 일반적인 실패방정식 과 성공방정식	"고된총량 법칙" "아름다운 진로"	"그냥 열심히 하면 되죠" (과정)	시트사례 에세이 (과정)	대학 교수
	04	너의 꿈을 믿니	진로	...평가서 / 나의 로드...	그냥 꿈, 직업의 꿈/ 창의적 체험/ 가장 위대한 멘토만남/ 진로를 밝히는 경정파워	학생마다의 막연한 환상을 냉정하게 점검	"진로는 직업이다" "진로는 체험이다" "진로는 함께간다"	"직업 고민 왜 해요" (확신)	시트사례 에세이 (확신)	학교 교사
2 존재발견	05	오나	진로과정 분석	5단계 진로단계 위치 / 현재단계의 노력다짐 / 아름다운 진로설명서	에 가쁜 삶/ 심장이 뛰는/ 반...째와 성취의 역사/	조 이사와 크로 측된 정서 출 관과 해결과정	"실패가 힘이다" "현재는 과거의 결과 이다"	"저는 잘 안 될거에요" (긍정)	시트사례 에세이 (긍정)	특수 학교 교사
	06	의 꿈을 믿니?	진로 성숙도	진로정체성평가서 / 진로준비도평가서 / 가족일치도평가서	의 연속/ 단지 다를 뿐이/ 진로를 밝히...	비교의식과 경쟁에서 오는 자 존감의 치유	"다를 뿐이다" "사소한 차이" "나는 소중하다"	"친구보다 뒤쳐져요" (인정)	시트사례 에세이 (인정)	판사
	07	인생 롤러 코스터	진로정체감	인생그래프에세이 / 인생테마에세이 / 인생의 긍정보고서	나 때문에 막/ 그래프/ 실패 한다/ 룰 보는 새로운	반복된 실패를 아픔을 넘어서 는 힘발견	"실패는 다른 방법을 아는 과정" "진로성공일기"	"잘 하는게 없어요" (성취)	시트사례 에세이 (성취)	교정직 공무원
	08	나는 특별하다	진로자존감	자존감체크리스트 / 비교극복의 에세이	불공평한 얘기/ 바대가/ 게 나를 표현/ 힘	진로인식과 존재 재발견의 중간 발로점	"호젓한 잉크" "스토리가 힘이다"	"되고 싶은 게 없어요" (존재)	시트사례 에세이 (존재)	외교관
3 강점발견	09	시도하는 즐거움	진로효능감	효능감검사와 해석 / 자신감 사다리,바꾸 / 인생의 상황맥락	에 새로운 영웅들/ 행복한 사람들/ 있다/ 아름 감정체감/	독특함과 직업 가능성에 대한 오해에서 출발	"강하다 약하다" "아는 것이 힘" "진로의 출발"	"같은 걸 잘하고 싶어요" (강점)	시트사례 에세이 (강점)	의사
	10	다움	진로효능감	나의 진로 개요서 / 나의 진로에...	있다/ 지 열정을 발견/ 이 있다면 하는 것의 영웅들/ 3인의 으로 점프/	잘하는 것이 없는 영철이를 돕 는 과정	"지,호,락" "관심관찰흥미" "직업은 흥미다"	"도무지 재미가 없어요" (흥미)	시트사례 에세이 (흥미)	요리사
11		임 재	진로에세이	나의 진로 개요서 / 나의 진로에세이 / 첨삭기준과 수정안	생...의 영철이/ 스카우터의 임/ 엄마가 보기에는 어때/ 선생님으로 점프/	축구소년과 요리사/ 노트를 들 러버/ 내 인생의 첫 가능성/	"누구나 한 가지.." "재능을 보는 눈" "재능은 열매이다"	"나는 좋은 데 친구들이.." (재능)	시트사례 에세이 (재능)	배우 연기자
	12	공통분모 꺼내기	강점 도출	다중기능 검사 / 강점분석보고표	개별특색 모아 객관적으로 도출하는 과정		"다양한 각도.." "정답 아닌 과정" "낭중지추의 원리"	"좋아하지만 못해요" (가능성)	시트사례 에세이 (가능성)	아나운서
4 적성발견	13	나만의 스타일	직업성향 탐색	MBTI검사와 해석표 / 4가지 편안함 해석 / 직업연결링크	나를 내버려 둬라/ 선생님 읽게 얘기해라/ 나 좀 솔직하게 / 아/함께 여행가자	동아리MT준비 과정에서 충돌하는 성향과 여행	"편안함이 오래.." "직업은 인정.." "직업은 편안함"	"관계형성이 어려워요" (성향)	시트사례 에세이 (성향)	건축 디자이너
	14	절대 포기 못해	직업가치 탐색	나의 소중한 것 목록 / 나의 직업가치 순위 / 나의 가치로 직업점프	영수와 뒤범벅/ 영화속 딜레마/ 정의란 무엇인가? 핵심가치 이다/ 나의 가치우선순위	함께 영화를 보 고 토론하는 과정	"가치는 선택.." "가치를 아는 것.." "소중한 게 있다구요.."	"소중한 게 있다구요?" (선택)	시트사례 에세이 (선택)	간호사
	15	나에게 꼭 맞아	직업적성 탐색	6가지 유형 요약하기 / 나의 상위순위평가 / 적성과 직업링크	YES NO X맵/ 체크마 찾아가기/ 유형별 영웅들/ 맞는 길의 / 지 않은 길의 결과차이	분명히 좋아하 는 데 다른 고민상담	"적성은 능력.." "적성은 복음기" "흥미와 함께.."	"진짜 직업 적성은 뭘까?" (적성)	시트사례 에세이 (적성)	물리 치료사
	16	진로 네비게이션	자기발견 종합	진로매력자산 설문 / 나의 직업자산 도출 / 최종직업선호도기술	관심의 이야기/ 나의 매력은 무엇일까/ 어떤 느낌으로 다가갈까/ 매력과 직업의 결합	선택한 목표외에 무 외모와 언어로 고민..	"모래시장 법칙" "사람을 끄는 힘.." "자신을 어필하라.."	"너무 복잡해요" (외모)	시트사례 에세이 (외모)	국제 회의 전문가

정리해 지식전달자의 노트북에 있다고 가정해 보자. 특정 학생 한 명을 만나거나 집단을 만났을 때 그 대상의 진로상황, 진로고민, 진로성숙도 수준에 따라 필요한 자료를 꺼내 컨설팅할 수 있는 것이다.

"넓이와 깊이를 얘기했죠. 여기에 마지막으로 하나가 더해지면 완벽해집니다."

"여기에 또 하나가 더해진다고요?"

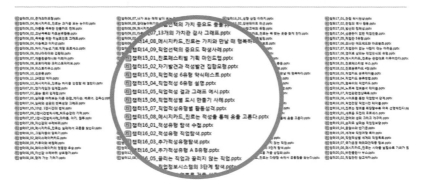

출처 - 『나만의 북극성을 찾아라』

높이를 통한 버드뷰

높이가 필요하다. 전체를 조망할 수 있는 눈이 필요한 것이다. 이것은 다양한 폭의 독서를 지나, 체계적인 깊이의 독서를 통해 형성된 통찰력의 높이를 말한다. P는 화이트보드룸으로 가서, 그림 하나를 빠른 속도로 그렸다.

"시야에서 시각이 나오고, 시각을 통해 시선 즉 관점이 형성됩니다. 폭넓은 시야를 가진 사람은, 깊이 있는 시각을 만들어내고, 날카로운 시선을 지니게 됩니다. 여기서의 '날카로운 시선'은 비판적 시선이 아니라 지혜로운 시선에 가깝습니다. 시야는 폭이 넓어야 합니다. 이를 독서로 바꾸면 '넓이의 독서'가 되죠. 같은 주제라 할지라도 충분한 분

49

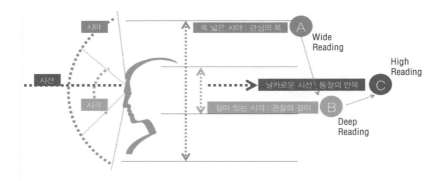

량을 읽는 것이 중요합니다. 비슷한 주제를 연결시켜 폭을 넓히는 것도 여기에 속합니다. 또는 비슷한 주제라도 다른 영역을 넘나들며 지식을 만나는 것도 필요합니다. 같은 주제, 비슷한 주제 이외에 때로는 다른 주제라 할지라도 기꺼이 읽으며 연결의 가능성을 찾는 것 역시 '넓은 독서'라고 생각합니다. 미란 선생은 저의 사고 체계를 잘 알고 있으시죠. 그렇다면 '깊은 독서'란 뭘까요?"

"깊은 독서는 폭을 넓히는 작업이 아니라 깊이를 만드는 과정입니다. 어떤 한 분야에 대해 충분히 다양한 독서로 폭을 넓히게 되면 지식 체계에 대한 깊이가 형성됩니다. 쉽게 말하면 '진로' 분야의 책을 충분히 읽게 되면, 진로 분야에 있어서 어느 정도 '체계'를 잡아 설명이 가능하다는 것입니다."

"미란 선생이 말한 지식체계를 좀 더 자세히 알 수 있을까요?"

"한 분야의 체계라고 하는 것은 두 가지 의미를 갖추고 있는 것을 말

50

합니다. 그러니까 같은 종류의 지식이 그룹을 형성하고, 그 지식 간에 순서가 형성되는 것을 말하죠."

"훌륭합니다. 같거나 비슷한 지식이 그룹을 형성하려면 각 지식의 속성을 이해하는 판단이 필요합니다. 또한 지식을 순서에 따라 배열하기 위해서는 지식 간의 관계를 파악할 수 있어야 하겠죠. 이것을 '진로'라는 분야에 적용해 본다면 '진로인식 단계, 자기발견 단계, 진로탐색 단계, 진로설계 단계, 진로검증 단계' 등으로 같은 지식이 모이고, 순서에 따라 배열이 되는 것입니다. 이것이 바로 '체계'가 살아있는 '깊이의 독서'입니다. 폭넓은 시야에서 깊이 있는 시각으로 좁혀진 단계입니다."

"폭넓은 시야에서 깊이 있는 시각을 지나 마지막은 날카로운 시선이죠. 세 가지 프로세스가 다양한 리듬을 구성하며 반복되고 있어요. 시야에서 시각을 지나 시선으로 가는 흐름에 기초하여, 관심에서 관찰로 그리고 통찰로 이어지는 것이고요. 이것이 또 넓이와 깊이, 높이로 이어지는 것이죠. 이를 정리해 보면, 1단계는 '넓은 독서, 관심의 폭, 폭넓은 시야', 2단계는 '깊은 독서, 관찰의 깊이, 깊이 있는 시각' 그리고 3단계는 '높은 독서, 통찰의 안목, 날카로운 시선'입니다."

"미란 선생은 이미 저를 넘어섰군요. 구조를 참 잘 잡는 것 같아요. 그럼 자연스럽게 시선까지 구조가 나왔네요. 다만 한 가지만 덧붙이자면, 높이는 '토탈리티Totality'를 추구하는 것입니다. 여기서 전체는 우리의 생애전체이기도 하고, 그 분야의 지식전체를 말하기도 합니다. 하지만 토탈리티가 모든 지식을 말하는 것은 절대 아닙니다. 오히려 전체를 알고 있을 때, 지금 가장 필요한 것을 날카롭게 통찰하여 선택하는 차원을 말하는 것입니다. 전체를 알아야 최선의 선택을 내리며, 가장 필요한 지식을 배치할 수 있다는 것이죠.

저는 이것을 '버드뷰Bird View'에 종종 비유합니다. 내비게이션 디스플레이 중에 약간 높은 위치에서 새가 아래를 내려다보듯이 보는 방식을 말합니다. 일정한 높이를 유지한 채 삶을, 생애를, 인생을, 평생을 조망하고, 이를 위한 다양한 정보와 깊은 지식체계를 바탕으로 최적의 판단을 내리게 도와주는 것, 이것이 바로 높이의 독서입니다."

"폴샘, 넓이와 깊이, 높이를 모두 모아서 '토탈리티'가 나온다고 했는데, 이를 독서의 과정으로 조금 더 쉽게 설명해 주실 수 있을까요?"

토탈리티로 가는 베이스캠핑

"저는 책을 읽을 때 오래 읽을 책과 가볍게 읽을 책 그리고 스캔을 떠서 전체를 자료화해야 할 책과 오직 그림 한 컷만 얻으면 되는 책 등 활용 방식을 구분합니다. 제가 이런 분류법을 체득하게 된 방법은 따로 없습니다. 독서를 통한 터득이죠. 문제는 가벼운 독서가 아니라 강의나 연구를 위해 책을 읽을 때는 특별한 기준을 적용한다는 것입니다."

"폴샘은 어떤 분야의 연구를 시작하게 되면 그 분야의 책을 무척 많이 구입해서 읽는다고 들었어요. 그런데 그 분야가 일반적인 전공분야가 아니라, 하나의 새로운 주제로 강의를 할 때도 그것을 분야로 이해해서 그 분야의 책은 다독을 하신다고요."

"네, 그렇다 보니 이렇게 베이스캠프에 책이 쌓이게 되었네요."

"그렇다면 어느 정도를 읽으세요? 그리고 어떤 방법으로 읽어야 폭이 넓은 독서라고 할 수 있을까요? 또 그렇게 같은 분야의 다양한 책을 모두 읽을 만큼 시간이 여유롭지도 않을 것 같은데……, 이 부분이 저 역시 지식을 추구하는 사람으로서 매우 궁금하네요."

"석사학위 논문을 읽을 때는 그냥 읽지 않고 활용 가능한 내용을 찾아가면서 읽습니다. 특히 앞부분은 주로 기존의 연구 흐름을 잘 정리해 놓고 있으니, 이런 부분을 눈여겨 보죠. 빨리 읽히는 책이 있고 천천히 읽어야 파악이 되는 책도 있는데, 그러한 특성에 따라 읽기 시작합니다. 연구 자료 같은 경우는 쉬는 시간에 읽는 사색독서가 아니라 연구를 위한 독서이므로 쌓아놓고 몰입해서 읽습니다. 같은 주제를 다루는 책을 읽을 때 가장 어려운 단계는 초반 10권~15권 정도입니다. 이 단계를 넘어서면 놀랍게도 내용이 상당 부분 겹치기 시작합니다. 탄력을 받는 거죠. 넓이 독서로 이러한 단계가 반복됩니다."

P는 직접 미란에게 그림을 그려 설명해 주었다. 미란은 연신 고개를 끄덕이며 잘 이해가 되고 있다는 시그널을 주었다.

"폴샘, 넓이 독서의 가장 어려운 구간은 바로 초기 단계인 것 같아요."

"그렇다면 자신이 좋아하는 분야부터 먼저 시작하는 걸 추천합니다."

"그렇군요. 하지만 이 방법이 모든 지식세대에게 다 필요할까요? 지

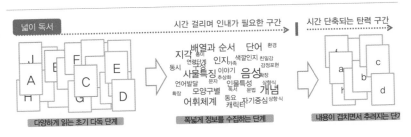

식을 생산하고 전달하는 사람들에게 필요한 방법인 것 같아요."

"제 생각은 조금 다릅니다. 시대가 변할수록, 그리고 그 변화가 클수록 독서를 통한 지식축적의 기준이 중요해질 겁니다. 스스로 생산하고 정리할 힘을 갖지 못하면 결국 다른 사람이 만든 지식을 따라갈 수밖에 없어요. 과거처럼 지식의 양이 적었을 때는 그런 대로 무난했지만, 지금은 그렇지 않습니다. 지식의 주도력 차원에서 넓은 독서는 지식세대에게 필수입니다. 이러한 넓은 독서는 '초기 단계'에만 필요할 뿐 그 다음부터는 같은 분야의 경우 넓은 독서의 단계를 스킵하게 되니 걱정할 필요는 없습니다."

"느낌이 오는데요. 한 분야에 있어 넓은 독서는 오직 한 번만 필요하다는 것이죠? 즉 한 번의 넓은 독서 사이클을 거치면, 그 다음에는 추가되는 지식만 확인하면 되니까요."

"미란 선생은 이미 경험을 통해 깨닫고 있을 것 같군요. 한 분야에 대한 넓은 독서를 한 사이클만 경험하면 그 과정에서 통찰력이 발생합니다. 그 분야의 책을 대하는 책 선별 기준이 그 하나죠. 무분별한 지식이 아니라 꼭 필요한 지식만 추가할 수 있는 지식선별의 힘이 생기는 것입니다. 이후부터는 지식을 추가하고 더 정교하게 다듬어가는 것뿐입니다."

P는 자연스럽게 '깊이 독서'의 내용으로 주제를 옮겼다. 깊이 독서는 넓이 독서의 단계를 꼭 넘어서야 가능하다. 깊이 독서의 목적은 그 분야의 체계를 이해하는 것이다. 깊이 독서에서는 다시 많은 책을 읽을 필요는 없다. 이미 읽으면서 주제를 도출했던 책들 중에서 체계에 필요한 부분을 발췌하는 '필요 독서'를 하면 된다.

"미란 선생은 '체계'라는 단어를 떠올리면 어떤 느낌이 드나요?"

"글쎄요. 음, 검색해 본 결과로는 근본적 어원이 '가로와 세로의 직물을 엮어 옷감을 만드는 것'에 있는데요."

"그렇습니다. 체계는 가로와 세로, 즉 계열과 계통 같은 매트릭스 구조를 떠올리게 합니다. 그 속에 그룹이 형성되고, 상위 주제와 하위 주제의 관계가 있으며 필요에 따라서는 순서도 존재합니다."

"그러고 보니 깊이 독서는 넓이 독서를 통해 찾은 여러 주제와 내용을 매칭하고 배열하는 과정이군요. 이 과정에서 가로 세로의 축이 형성되는 거고요."

"깊이 독서의 단계에서는 폭넓은 독서가 아니라, 필요에 의한 '발췌독서'가 주로 이루어집니다."

P가 추구하는 지식의 토탈리티Totality는 말 그대로 생애 전체를 보는 시야, 즉 버드뷰Bird View개념이다.

"넓이와 깊이로 한 분야에 대해 체계를 잡았다면, 이를 사람의 성장 구간에 매칭시키는 것이 중요합니다. 지식이 사람을 지향하기 위해서는 과정적 연속성이 필요해요. 보통의 지식은 단편적인 필요를 채우지만, 높은 수준의 지식은 사람의 생애와 함께 합니다. 이것을 아는 지식 세대는 지식의 연결성을 중요하게 여깁니다."

"폴샘, 지식을 생애에 연결시키는 작업은 오히려 생애 각 구간에 최적의 지식을 연결시키는 효과를 가져다줄 것 같아요. 흐름을 알면 빈 곳에 무엇을 채울지 더 명확하게 알 수 있거든요."

독서의 영향력과 변화 가능성

그는 화이트룸으로 가서, 그림 하나를 그리기 시작하였다.

산 정상에 올라간 사람을 그리는 듯하다. 산 위에 올라간 사람이 '야호'하고 외친다. 속세에서 아옹다옹하던 모든 모습과 세상이 작게만 느껴진다. 하늘과 땅 사이에 서서 자신의 현실을 잠시 관망하게 된 것이다. 바로 그때, 사람은 큰 생각을 품게 된다. 작게 움츠러들었던 마음을 반성하고, 이제 넓고 큰마음으로 살기를 다짐한다. 마침 그때 시원한 바람이 분다. 정상에 오르기까지 땀으로 끈끈했던 몸과 마음이 한순간 바람결에 청량해진다. '아! 이게 행복이구나. 그래! 미워하던 사람 다 용서하고, 성공에 매몰되어 살던 삶에 이제 여유를 가져보자. 이제부터는 내게 소중한 사람들을 생각하며 살자.'

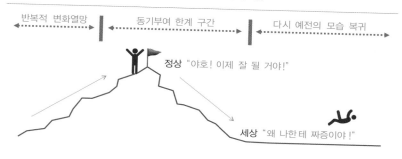

일반적인 동기부여의 한계 비유

반복적 변화열망　　동기부여 한계 구간　　다시 예전의 모습 복귀

정상 "야호! 이제 잘 될 거야!"

세상 "왜 나한테 짜증이야 !"

　　이렇게 호연지기를 품고 기념사진을 찍은 뒤, 정상에서 내려온다. 그런데 이게 웬일인가! 하산을 시작하는 순간부터 다리가 무겁다. 정상에서 김밥과 오이를 너무 많이 먹었다. 좁은 길로 내려오는데 오늘따라 자꾸 올라오는 등산객과 부딪친다. 슬슬 짜증이 나기 시작한다. 살짝 발목에 무리가 가고 있다는 느낌도 든다. 공휴일이라 차가 막힐 것을 예상하여 빨리 내려오려 했으나 쉽지가 않다. 해가 질 무렵 겨우 산행 입구에 도착하고 주차해 두었던 차를 타고 집으로 향한다. 길에 차가 많다. 무거운 몸으로 느린 차를 타고 중간에 식사시간도 놓친 채 집에 도착하였다. 휴일에 집 청소를 도와주기로 했는데 하지 않았다는 아내의 잔소리와 함께 다시 예전의 그 일상으로 아주 자연스럽게 돌아간다.

　　P가 그림을 그리며 풀어놓은 스토리이다.

　　"폴샘, 정말 친근한 스토리네요. 비유를 한 거죠? 마치 방학 때 깊은 산속 캠프에 참여한 청소년이 눈물 흘리며 다짐하고 집으로 돌아가서 엄마와 싸우는 모습 같아요."

"정상에 깃발을 꽂은 경험을 했을지라도 산을 내려가는 동안, 그리고 현실로 돌아간 다음, 아주 사소한 일상에서 변화를 만들어내지 못하면 독서의 영향력이 한계에 부딪치는 것입니다."

"비유는 참 대단해요. 쉽게 이해가 돼요."

"미란 선생이 한번 그림 전체의 흐름을 설명해 주실래요?"

"일단 폴샘의 그림에 제목을 지어보고 싶어요. 제가 지은 제목은 '독서의 영향력 구간 비유'입니다. 그림에 제시된 표현을 있는 그대로 설명하고 난 뒤에 그 의미를 해석해 보겠습니다.

구간은 크게 세 가지로 나뉩니다. 정상, 베이스캠프, 세상입니다. 정상에서 발견한 것은 '꿈'이고 이것이 베이스캠프를 거치면서 '목표'로 바뀝니다. 그리고 다시 세상으로 나가면서 그 목표가 '계획'으로 바뀝니다. 현실로 돌아가서는 계획대로 '실천'하고 실천에 대해서는 반드시 '평가'를 거쳐야 '개선'이 됩니다."

"정확한 설명입니다. 역시 미란 선생의 언어는 매우 정돈되어 있고, 군더더기가 없습니다. 이제 그 다음은요?"

"표면적인 내용을 설명했으니, 이제 그 표현 속에 담긴 의미를 해석해 보겠습니다. 정답이 아닐 수도 있어요. 일단 구간부터 다른 말로 정리해 보고 싶어요. '정상'은 '이상'으로 표현해 볼게요. 책을 읽고 아름다운 꿈을 꾸게 되는 순간입니다. 그렇게 되었을 때 이 그림에 담긴 구간은 높은 이상과 눈앞의 현실로 대비될 것입니다. 대부분의 변화를

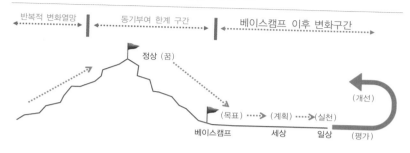

독서의 영향력 구간 비유

반복적 변화열망 | 동기부여 한계 구간 | 베이스캠프 이후 변화구간

정상 (꿈)

(개선)

(목표) ···▶ (계획) ···▶ (실천)

베이스캠프   세상   일상   (평가)

말하는 독서는 특히 성공사례, 또는 성공담으로 채워집니다. 이는 정상에 이미 도착해 본 사람이 말하는 것입니다."

"정상과 세상을 이상과 현실로 의미 구분한 것은 매우 적절합니다. 거기에 높은 이상과 눈앞의 현실이라는 표현 역시 탁월합니다. 독서가 독자로 하여금 이상과 현실의 격차를 잠시 잊게 만드는 것이라면 이는 '한계가 있는 독서'입니다."

"폴샘, 이상과 현실을 잊게 만드는 것도 문제지만, 이상과 현실의 격차를 너무 과장되게 심어주어 건너갈 수 없는 벽을 두르고 좌절을 경험하게 하는 것도 문제라고 생각합니다."

"듣고 보니 한 가지가 더 떠오르는군요. 현실에서 아예 도피하게 만들어 이상 그 자체를 대리만족하고 다시 현실로 돌아오기를 두려워하게 만드는 것. 이상으로 하여금 환상에 빠지게 만드는 것이죠."

"듣고 보니, 저도 한 가지가 추가되는데요. 이번에는 이상을 부인하고, 너무나 현실 중심으로 매몰되는 유형입니다. 그러니까 그 어떤 책의 메시지도 들으려 하지 않는 것이죠."

"미란 선생과의 대화는 매우 생산적입니다. 오랜 독서경험이 느껴지네요. 한 가지 아이디어가 떠올랐습니다. 제가 잠시 시간을 드릴 테니, 지금 우리가 나눈 짧은 대화 분량만을 떼어내어 간단한 지식체계를 화이트보드에 그려 주시겠어요?"

지식습득 이후 반응과 변화 유형

타입	착각형	좌절형	환상형	회피형
설명	이상과 현실을 구분하지 못하고 강의를 전전함	이상과 현실의 격차 앞에서 미리 좌절함	이상에서 현실로 오지 않고 환상에 머무름	이상을 받아들이지 않고 현실에 매몰됨

미란은 채 몇 분이 안 되어 표 하나를 그렸다. 적절한 타입 명칭을 만들어 각각의 의미도 설명하고 다른 유형과의 구분도 명확하게 하였다. 착각형, 좌절형, 환상형, 회피형으로 구분하고 각각의 의미를 넣었다. P는 미란의 체계화 능력을 칭찬한 뒤, 미란의 표 아래에 선을 그어 내용을 추가하였다. 적절한 수학기호를 넣어 상징체계도 만들었다.

이상과 현실의 사이즈 비교에 따른 문제유형

타입	착각형	좌절형	환상형	회피형
설명	이상과 현실을 구분하지 못하고 강의를 전전함	이상과 현실의 격차 앞에서 미리 좌절함	이상에서 현실로 오지 않고 환상에 머무름	이상을 받아들이지 않고 현실에 매몰됨
구도	이상 = 현실	이상 ≠ 현실	이상 〉 현실	이상 〈 현실

"훨씬 좋아졌어요. 그럼 저도 P샘이 추가한 표 아래에 하나를 더 해볼게요. 다른 사람이 보아도 쉽게 이해가 갈 수 있도록 감성의 표현을 적어보면 어떨까요?"

독자의 반응과 변화 유형

타입	착각형	좌절형	환상형	회피형
설명	이상과 현실을 구분하지 못하고 강의를 전전함	이상과 현실의 격차 앞에서 미리 좌절함	이상에서 현실로 오지 않고 환상에 머무름	이상을 받아들이지 않고 현실에 매몰됨
구도	이상 = 현실	이상 ≠ 현실	이상 〉 현실	이상 〈 현실
감성	"다 할 수 있어!!"	"난!…… 안 될 거야."	"아 ~ 여기가 좋아!"	"…… 당신 이야기지."
도움	이상과 현실의 차이를 구분시켜 주어, 현실감각에 초점	작은 사이즈의 이상을 소개하여 가능성을 심어주는 데 초점	현실을 도피하지 않도록 현실 속에서 이상을 소개하는 데 초점	이상의 과정을 쪼개서 작은 노력과 성취단계 제시에 초점

두 사람은 화이트보드 앞에 서서, 서로 주거니 받거니 대화하면서 내용을 채웠다. 그 사이 P는 커피 한 잔을 내려 미란에게 건넸다. 두 사람은 커피 향기와 더불어 자신들이 함께 만들어낸 작은 지식의 향기를 느끼고 있었다.

인생의 베이스캠프

어떤 지식을 다루더라도 항상 시작과 끝이 있다. 시작, 초점, 흐름, 관계, 연결 그리고 마지막 엔딩까지의 과정이 늘 선명하다. 마치 철길이 견고하게 놓여 있을 때 기차가 최고의 속도를 낼 수 있듯이, 지식전문가들은 근본에 집착한다. 근본에 접근하면 할수록 그들은 지식의 바다에서 자유로워진다.

대화는 다시 화이트보드의 등산 모형으로 돌아갔다. P는 베이스캠프에 대해 설명을 이어갔다.

"산 정상에서 심장을 뛰게 만드는 것은 독서를 통한 감격과 울림이겠죠. 이를 흔히 '동기부여'라고 합니다. 그런데 책을 읽으면서 울컥하던 감격이 책을 덮고 일어서는 순간 사라진다는 것은 마치 산 정상에서 내려오면서 정상에서의 호연지기를 잊어버리는 것과 같습니다. 여기서 중요한 포인트는 정상과 세상, 이상과 현실의 다리 역할을 하는 것이 바로 '베이스캠프'라는 사실입니다. 베이스캠프가 없는 대다수의 사람들은 다리Bridge가 사라진 셈입니다. 지식전달자의 베이스캠프는 서재이지만, 일반 사람들의 베이스캠프는 각기 다를 수 있습니다. 어떤 게 있을까요? 일반 사람들의 베이스캠프는 무엇일까요? 미란 선생의 생각이 궁금합니다."

"일반 사람들의 베이스캠프를 찾기 전에 베이스캠프의 역할이 더 선명해야 하지 않을까요?"

"미란 선생이 한번 의미를 소개해 주실래요. 인생의 베이스캠프는 어떤 의미일까요?"

"여기서의 의미는 베이스캠프의 역할이라고 생각합니다. 어떤 역할을 하느냐가 중요할 것 같아요. 베이스캠프는 일반용어가 아니라 등산용어죠. 대개 큰 산을 등반하려면 극지법을 활용하거나 그렇지 않더라도 등반 기간이 길어 식량 등 많은 짐을 쌓아두고 자주 옮겨야 하는 경우가 생기는데 이때 대원들이 자주 또는 가끔 오래 머물러야 하는 근거지가 필요해요. 그렇기 때문에 베이스캠프로 선정되는 곳은 바닥이 평탄하고 식수를 구하기 쉬운 곳이어야 하는 게 조건입니다."

베이스캠프와 베이직라이프

미란은 화이트보드에 직접 그림을 그려가며 베이스캠프의 의미 구조를 찾으려 하였다. 그런데 생각보다 쉽게 정리되지 않는다. 시간의 순서에 따라 베이스캠프를 중심으로 움직임의 동선을 찾아냈지만, 이것을 통해 어떤 의미를 도출해야 할지 쉽지가 않았던 것이다.

차를 마시던 P가 눈치를 채고 다가와 함께 그림을 완성하고, 그 옆에 베이스캠프에 담긴 의미 체계를 정리하였다. 체계가 완성되자 두 사람은 흐뭇하게 그림을 보며 미소 지었다. 화이트보드 하나의 크기가 벽 전체의 크기인데, 벌써 그 큰 공간이 절반 이상을 그림과 지식체계로 채워졌기 때문이다. 미란은 오늘이 서재 방문 인터뷰 첫날이라는 사실도 잊은 채 마치 매일 이 서재에서 책을 읽고 연구하며 그림을 그렸던 것처럼 익숙하게 동화되어 가고 있었다. 이런 방식 즉 대화하고 참여시키는 방법은 P가 지식 체계를 공유하는 스타일이다. 일방적으로 전달하지 않고 함께 만들어가는 방식이다.

베이스캠프의 기능과 조건 그리고 현실로의 의미적용

타입	베이스캠프 기능	핵심 조건	현실 적용 질문
1단계	정상이 보이는 곳을 찾아	목표와 현재 위치	나는 지금 어디로 가고 있는가?
2단계	평평한 곳에 텐트를 세워	견고한 기초	나는 삶의 기초를 다지고 있는가?
3단계	충분히 휴식하고 준비하며	철저한 준비	나는 치열하게 준비하고 있는가?
4단계	방향과 방법을 결정하고	치밀한 전략 수립	나의 꿈을 이루는 과정이 적절한가?
5단계	정상을 향해 출발한다.	도전의식과 용기	나는 끊임없이 도전하고 있는가?
6단계	과정에 실패하거나 실수하면	인내와 극복의지	나는 실패를 통해 성장하고 있는가?
7단계	처음으로 돌아가 점검하고	초심회복과 문제해결	내가 회복해야 할 초심은 무엇인가?
8단계	성공의 방법을 축적한다.	자신을 성찰하는 힘	나는 끊임없이 발전하고 있는가?

"미란 선생, 이렇게 그림을 그려보니 더 궁금해지는군요. 보통 사람들의 베이스캠프는 과연 어디일까요. 물론 저와 같은 지식전문가에게 베이스캠프는 서재입니다. 저는 바로 이것을 증명하는 삶을 살고 있는 것입니다."

"자신의 방향을 점검하고, 혹시나 놓치고 있는 기초를 돌아보고, 일상의 치열한 준비상태와 전략을 확인하며 힘을 다시 얻는 곳이죠. 혹시 인생의 쓰디쓴 실패와 시행착오를 경험했을지라도 그곳으로 돌아가 쉼을 얻고, 회복하며, 실패를 통해 교훈을 얻고 다시 시작하는 힘을 얻는 곳이겠죠. 이런 의미라면, 굳이 공간Place에 제한되지 않고 다양하게 있을 것 같습니다. 미국 대통령의 캠프 데이비드 휴가, 한국 대통령의 휴가지가 대표적이죠. 그리고 빌게이츠를 포함한 수많은 지식리더는 '생각주간Think Week'을 가집니다. 공통적으로 그런 기간에는 읽고 싶은 책들을 가지고 가죠. 이 경우 공간보다는 시간개념이 되겠군요."

"적절한 통찰력입니다. 이스라엘 사람들은 일 년 중 일정한 주간에 '광야주간Tent Week'을 갖습니다. 이는 과거 자신들의 선조가 모세와 함께 이집트를 탈출하여 40년 동안 여호와의 인도를 따라 광야생활을 했던 방식으로 돌아가는 초심회복의 방식입니다. 지금도 여전히 그들은 특정 주간에 광야의 텐트 경험을 온 가족이 함께 참여하면서 자신들의 역사성과 신앙을 점검합니다."

"가볍게는 새해 첫날 정동진을 찾아 해맞이를 하며 인생과 일 년을 돌아보고 새해를 다짐하는 것도 나름의 베이스캠프인 것 같아요."

"그래요. 인간은 누구에게나 베이스캠프가 필요합니다. 뒤를 돌아볼 겨를도, 옆을 살필 겨를도 없이 달리는 사람들에게는 베이스캠프가 꼭 필요합니다. 하지만 저는 한 가지 생각을 포기할 수 없습니다. 그 모든 개인의 선택을 존중하지만, 그럼에도 이 시대의 지식세대에게는 '서재'라는 공간이 필요하다고 생각합니다."

P의 서재는 지식세대를 위한 베이스캠프를 상징한다. P는 이 시대 사람들이 아파트 평수를 늘리는 꿈에 갇히지 않고, 자신과 자녀를 위

한 작은 서재 하나를 꿈꾸기를 소망한다.

P는 미란이 그린 그림에 색깔 펜으로 몇 가지의 의미를 더 추가해 그림을 완성시켰다. P는 삶이 바쁠수록 더더욱 서재에서의 시간을 확보한다. 그곳에 머물면 자신의 모습과 위치가 보인다. 어디로 가고 있는지 점검하게 된다. 혹시 놓치고 있는 것이 무엇인지 살필 수 있다. 그리고 행여 잊고 있는 가치와 기초를 다시 세운다. 너무 지쳐 책더미에 누워 잠이 들기도 하고, 너무 삶이 버거우면 혼자 우는 곳도 서재이다.

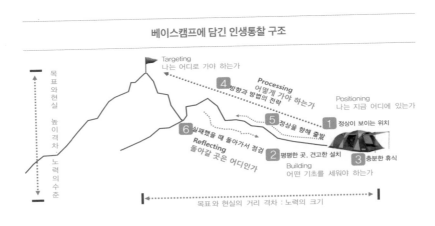

베이스캠프에 담긴 인생통찰 구조

좋은 독서, 탁월한 독서, 위대한 독서

"정상에서 발견한 것은 꿈이고 이것이 베이스캠프를 거치면서 목표로 바뀝니다. 그리고 다시 세상으로 가면서 그 목표가 계획으로 바뀝니다. 현실로 돌아가서는 계획대로 실천하고 실천에 대해서는 반드시 평가를 거쳐야 개선이 됩니다. 책을 읽은 독자에게 끼칠 수 있는 영향력은 이 구간마다 차이가 납니다. 즉, 독서가 동기부여를 충분히 주지만 정상의 꿈에서 끝나고 베이스캠프를 지나가지 못하면 그 꿈은 목표로 바뀔 수 없습니다. 꿈이 목표로 바뀔 수 있도록, 즉 베이스캠프를 지나가게 하는 독서는 일단 '좋은 독서Good Reading'라고 봅니다."

"좋은 독서라는 표현이 재미있네요."

"네, 좋은 독서는 목표까지 만들어주니까요."

"미란 선생은 꿈과 목표를 구분하고 있겠군요. 꿈이 목표로 바뀌는 기준은 무엇일까요?"

"제가 생각하는 꿈과 목표의 가장 간단하고 명확한 차이는 '기록'입니다."

"동의합니다. 기록이 없는 꿈은 그저 꿈으로만 남죠."

"꿈을 기록하면 목표가 되고, 기록하지 않고 꿈만 꾸는 사람은 망상가로 살아가고, 꿈을 기록하여 목표로 바꾼 사람은 실천가의 삶을 살아갑니다."

"어디서 많이 들은 이야기인데요."

"네, 폴샘이 쓴 책에 들어 있잖아요."

"계속 설명을 해 보죠."

"산을 내려와 베이스캠프를 거쳐 현실로 돌아가서 만약 앞서 만든 '목표'가 '계획'으로 바뀔 수 있다면, 이미 '탁월한 독서Excellent Reading'라고 봐야 합니다."

"좋은 독서에서 탁월한 독서로 발전했네요. 미란 선생이 생각하는 탁월함은 무엇일까요?"

"목표가 계획으로 바뀌었다는 것은 실천할 수 있는 바탕을 준비하는 단계까지 진전되었다는 것입니다. 이 정도의 가능성을 심어준 것은 탁월한 수준입니다."

"목표와 계획의 차이는 어디에 있다고 보나요?"

"목표와 계획의 차이는 기간에 있습니다. 장기목표, 중기목표, 단기목표로 구분하는 것이죠. 기간에 따라 목표를 구분했다는 것은 당장 할 수 있는 것과 멀리 보고 조금씩 채워야 할 것을 구분했다는 겁니다."

"미란 선생의 표현은 이번에도 명쾌합니다."

"강의를 오래 함께 다니며 듣다 보니 제 사고체계에 아예 정리가 되어버렸습니다."

"뿌듯합니다. 이제 설명의 마무리 단계이군요."

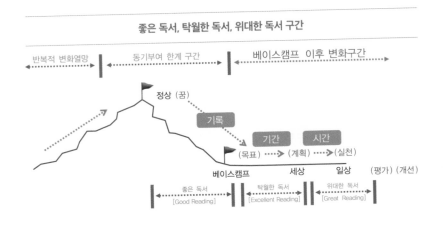

좋은 독서, 탁월한 독서, 위대한 독서 구간

"계획이 '시간'으로 바뀌는 사람은 매일의 삶에서 실천이 이루어질수 있습니다. 인생의 장기적인 목표와 그 목표를 이루기 위한 중기적인 목표가 있고, 당장의 일 년 목표를 가지고 있으며, 그 목표를 이루기 위해 지금 해야 할 일은 하루 단위의 시간으로 만들어낸 것입니다. 만약 어떤 한 사람이 책을 읽은 후 꿈, 목표, 계획, 실천까지 도달했다면 이 독서를 뭐라고 하면 좋을까요? 좋은 독서와 탁월한 독서를 했으니 그 다음 단계를 말해 주면 됩니다."

"아니 왜 저에게……. 하하! 난처하네요."

"왠지 답을 아실 것 같아서요."

"제 서재에 있는 책 한 권이 떠오르네요. 『Good to Great:좋은 기업에서 위대한 기업으로』, 혹시 마지막 수준은 '위대한 독서Great Reading가 아닐까요?"

"네, 맞습니다!"

"한 사람의 인생에 꿈, 목표, 계획, 실천을 통해 변화를 만들어냈다는 것은 조금 건방진 표현이지만 신#의 즐거움에 동참한 것입니다. 사람으로서 이 땅에 살면서 느낄 수 있는 가장 큰 행복과 보람이 아닐까 싶어요. '위대한 독서'라는 표현에 넘치도록 동의합니다."

독서 영향력과 수준

영향력 단계/수준	1단계	2단계	3단계	4단계
	꿈	목표	계획	실천
좋은 독서[Good Reading]	꿈 → (기록) → 목표			
탁월한 독서[Excellent Reading]	꿈 → (기록) → 목표 → (기간) → 계획			
위대한 독서[Great Reading]	꿈 → (기록) → 목표 → (기간) → 계획 → (시간) → 실천			

P는 태블릿을 열어 자신이 읽은 책의 내용을 정리한 파일을 살폈다. 그 중에 미란에게 이 순간 꼭 보여주고 싶은 자료가 떠올랐기 때문이다. 바로 한 권의 책으로 인생 전체가 바뀐 사람들의 이야기를 모아놓은 책이다. P는 오래 전 이 책을 읽고, 책 전체를 요약한 단 한 장의 그림을 그렸다.

내 인생을 바꾼 한 권의 책

"한 권의 책으로 인생이 바뀐 사람들이 한눈에 보이는데요."

"그렇죠. 붉은색으로 표시된 책이 그 인물의 인생에 결정적 계기를 만들어준 책입니다.

책을 읽고 인생이 바뀐 사람이, 자신의 책을 써서 또 다른 사람의 인생을 바꾼 경우도 있어요. 빅터 프랭클 박사는 『성서』에 영향을 받고, 그 경험을 담아 『죽음의 수용소』라는 책을 썼습니다. 그리고 『죽음의 수용소』를 읽고 큰 영향을 받은 스티븐 코비가 『성공하는 사람들의 7가지 습관』을 집필하였고, 『성공하는 사람들의 7가지 습관』을 읽은 동기부여전문가 리사 니콜스의 인생이 바뀝니다.

또 이 그림은 주제별로 분류되어 있는데, 끝없는 도전과 용기의 독서, 삶의 나침반과 같은 독서, 최고의 스승이 되어주는 독서, 삶에 대한 깨달음을 주는 독서, 그리고 인생을 살아가는 지혜가 되어주는 독서 등으로 구분됩니다."

"와우! 책이 인생을 바꾸고, 인생을 바꾼 사람이 책을 써서 또 다른 사람의 인생을 바꾸고 있는 것이군요."

"그렇습니다. 한 권의 책을 읽고 얼마나 많은 상상을 할 수 있는지 그리고 얼마나 많은 변화를 만들어낼 수 있는지 기회가 되면 자세히 소개해 드리겠습니다."

P는 다시 미란과 함께 채운 화이트보드를 유심히 쳐다보며 전체적인 흐름을 조망하였다. 한 권의 책과 지식습득을 통해 인생의 긍정적인 변화를 만드는 흐름을 점검하고 있는 것이다. 그림을 보고 있자니, 무언가 빠진 느낌이 든다. 미란도 이미 눈치를 채고 있었다. 그림에는 있지만 표에 넣지 않은 것이 분명 있다. 바로 '평가'와 '개선'이었다.

"미란 선생, 가장 중요한 것이 빠졌군요."

"그러네요. 너무 몰입한 나머지 중요한 것을 뺐네요. 실천까지 다 이루었지만 평가를 뺀다면 옛날의 모습으로 돌아갈 수 있겠죠?"

"옛날의 모습으로 돌아가는 것보다 더 무서운 것은 잘못된 실천을 반복하는 겁니다."

"동의해요. 그런데 실천에서 평가로 넘어가기 위해 필요한 것은 무엇일까요? 이 부분은 아무래도 제가 찾기 어려운 것 같아요. 폴샘이 도와주세요."

"평가를 하기 위해 가장 중요한 것은 '평가기준'입니다. 일반적으로 교육 분야에서 학습을 시작할 때는 학습목표를 세웁니다. 만약 교육 이후에 학습결과를 평가한다면 평가기준은 어디서 가져올까요?"

"당연히 학습목표겠죠. 독서를 통해 이러한 변화를 꿈꾸는데 그 결과를 평가하려면 독서 목표 즉 책의 내용 목표에서 찾아야 하겠군요. 그렇다면 매 독서마다 다른 평가기준이 있을 수 있지 않을까요?"

"맞습니다. 하지만 일반적이고 근본적인 평가기준은 있습니다. 바로 베이스캠프의 핵심기능에서 찾으면 됩니다. 나는 지금 어디로 가고 있는가, 나는 삶의 기초를 다지고 있는가, 나는 치열하게 준비하고 있는가, 나의 꿈을 이루는 과정이 적절한가, 나는 끊임없이 도전하고 있는가, 나는 실패를 통해 성장하고 있는가, 내가 회복해야 할 초심은 무엇인가, 나는 끊임없이 발전하고 있는가 등등. 이런 기준은 얼마든지 더 만들 수 있습니다."

학습자가 타인의 도움 여부와는 상관없이 스스로 학습 요구를 진단하고 학습 목표를 설정하며, 목표로 설정한 학습을 해가는 데 요구되는 인적, 물적 자원을 확보하고, 적합한 학습전략을 선택, 실행하며, 학습을 통해 성취한 학습 결과를 스스로 평가함으로써 학습의 과정에 주도적 역할을 수행하는 학습이다.(Knowls, 1975)

미란은 자기주도학습의 기초가 되는 놀스 이론을 상기해 보았다. 여기에 계획을 실천으로 만드는 과정에 꼭 필요한 시간개념을 포함하여 5개의 구간을 만들었다. 목표, 전략, 시간, 실행, 피드백의 구간을 그래프에 표시했다.

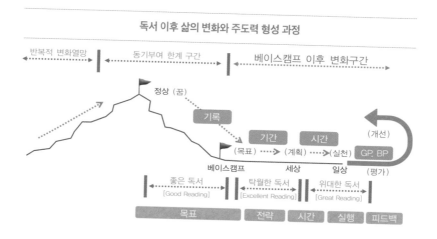

"화살표는 무슨 뜻인가요?"

"이렇게 한 사이클을 돌고, 다시 같은 흐름을 반복하는 겁니다. 이것이 중요해요. 반복되면서 성장하는 것이죠. 바로 이것을 나타낸 그래프가 피드백 그래프입니다."

"자신을 돌아보고 성찰하는 사람과 그렇지 않은 사람을 비교한 그래프군요."

"우리가 인정해야 할 것은 누구에게나 기복이 있을 수 있다는 겁니다. 다만 차이가 있다면 계속 똑같은 실수와 실패를 하느냐, 아니면 조금씩 개선되고 있느냐 하는 것이죠. 4개의 그래프가 순차적으로 이루어질 겁니다."

"4개의 그래프요? 폴샘, 좀 더 자세히 설명해 주세요."

"좀 더 정확하게 표현하면 4개의 피드백 그래프입니다."

P는 먼저 2개의 그래프를 그렸다. 똑같이 책을 읽고 뭔가를 결단하고 실천까지 하며 그 삶을 반복하지만 성장하지 않는 삶이 있다. 하지만 같은 반복이지만 성장하는 삶도 있다. 그 차이는 '평가와 개선'에 있다. 이것이 주도적인 삶, 성장하는 삶의 특징이다.

지식을 통한 삶의 변화는 깊이 들어갈수록 새로운 세상이 열린다. 책을 읽는 것으로 끝내는 것이 아니라 책을 통해 깨달은 꿈과 동기부여를 기록하여 목표로 바꾸는 사람은 그 다음 단계로 갈 수 있다. 그리고 그 목표에 기간을 설정하여 당장 해야 할 것과 장기적으로 해야 할 일을 구분하면, 이것이 바로 계획의 단계까지 가는 것이다. 그리고 그 계획에 구체적인 시간을 배치하면 실천의 문이 열린다.

이렇게 해서 깨달음을 실천과 변화로까지 이어가는 사람은 이미 대단한 사람이다. 그런 독서는 좋은 독서, 탁월한 독서를 넘어 위대한 독

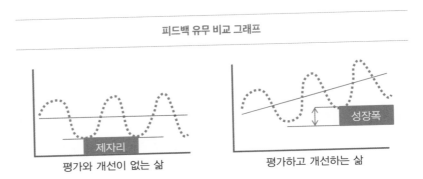

피드백 유무 비교 그래프

평가와 개선이 없는 삶 / 제자리

평가하고 개선하는 삶 / 성장폭

서로 이미 간 것이다. 그런데 여기서 끝나는 것이 아니라 그 과정과 결과를 평가하고 개선하는 사람만이 지속적인 성장을 이룰 수 있다.

"이러한 지식의 원리를 깨달아서 이 그래프처럼 성장하는 사람이 지식세대 가운데 얼마나 될까요?"

"3퍼센트 정도로 예상합니다."

"백 명 중 세 명 정도군요. 그 세 명은 이 원리를 반복적으로 적용해서 점점 더 성장하겠지요. 반면 번번이 변화를 만들어내지 못하고 과거로 돌아가는 사람은 또 다시 제자리에 머물러 있을 거고요."

"결국 인생은 스스로 선택하는 것입니다. 행복이든 불행이든 선택하고 그 결과를 책임지는 방식이죠. 우리가 할 일은 마지막까지 그 선택을 돕는 것입니다. 그래서 저는 절대로 포기할 수 없습니다."

"폴샘, 때로는 자신이 선택하지 않은 것에 대해 책임지는 경우도 있어요. 그래서 슬픈 겁니다."

"이해합니다. 이쪽으로 와 보세요. 책 한 권을 소개해 드리겠습니다."

P는 미란을 서재의 한 코너로 안내하였다. 그곳에는 P가 존경하는 국내외 저자들의 책 전 권이 저자별로 구분되어 있었다. P는 앤디 앤드루스의 책장 앞에서 멈춰 섰다. 그리고 책 한 권을 펼쳐 미란에게 보여주었다.

저의 비참한 현재는 제가 만든 게 아닙니다. 저는 정말 이렇게 살고 싶지 않았어요. 저는 열심히 일했어요. 그런데 여전히 안정된 직장도 없

공병호

이지성

피터드러커

안상헌

고, 돈도 없으며, 희망도 없는 현재를 살고 있어요. 이 모든 것은 저의 잘
못이 아니에요…….

『폰더 씨의 위대한 하루』 책에는 '데이비드 폰더'라는 사람이 나온
다. 주인공 폰더는 되는 일이 하나도 없고 자꾸 삶이 복잡하게 꼬이기
만 한다. 그러던 중 상상 속에서 역사 속 위대한 인물을 만나 그들에게
격려와 조언을 듣는다. 그가 만난 사람 중에는 미국의 트루먼 대통령

(미국의 33대 대통령)이 있었다. 대통령은 자신의 삶이 이상한 방향으로 흘러가는 것을 원망하고 있던 폰더에게 의미 있는 격려를 해준다.

데이비드, 난 자네를 화나게 하고 싶은 생각이 전혀 없어. 하지만 나는 자네를 위해 중요한 이야기를 하려 하네. 자네가 오늘날 그 상황으로 내몰린 것은 자네의 사고방식 때문이네. 생각이 결정을 좌우하지. 모든 결정은 하나의 선택이야. 여러 해 전 자네는 대학에 가야겠다고 선택했어. 또 전공할 과목도 선택했지. 대학을 졸업한 뒤에는 이런저런 회사에 이력서를 보내야겠다고 선택했어. 그 중 한 회사에서 일을 해야겠다고 선택한 것도 자네야. 그렇게 취직하기 위해 돌아다니는 동안, 자네는 파티에도 참석했고 영화 구경을 하기도 했고 스포츠 활동을 하기도 했어. 이런 모든 활동은 자네가 선택한 것이지. 그런 와중에 사랑하는 여자도 만나고 또 그 여자와 결혼해야겠다고 선택했어. 그 여자와 자네는 결혼을 해서 아이를 낳고 가족을 이루겠다고 선택했어. 자네의 직장일도 마찬가지야. 일의 방식, 일의 결과, 사람과의 관계 그 모든 것을 자네가 선택했던 거야. 아주 오래 전부터 자네는 수많은 선택을 했고 그것이 모여서 오늘날의 상황을 만들어낸 거라네.

『폰더 씨의 위대한 하루』 중에서

미란은 P가 왜 이 책을 소개해 주었는지 충분히 이해가 되었다. 결국 자신의 선택이 가장 중요하다는 것이다. 그리고 우리가 나누고 있는 변화의 가능성에 대해 미리 낙심하지 말자는 메시지가 담겨 있기 때문이었다.

"폴샘, 평가와 개선에 대한 내용 설명 아직 다 안 끝난 거죠?"

두 번째 그래프가 바로 평가와 개선이 있는 삶이며, 이러한 삶이 반복되면 세 번째, 네 번째 그래프로 발전하게 된다. 굴곡이 점차 줄어들고 성장의 탄력으로 접어들게 되는 것이 세 번째, 네 번째 곡선의 단계이다.

"반복을 통해 평가와 개선이 반복되면 이처럼 아름다운 변화가 일어납니다. 여기까지 진행된 사람이 있다면, 그 다음에는 이 그림에서처럼 선이 연결됩니다. 이렇게 더 높은 산이 등장하는 것이죠. 같은 순서를 반복하겠지만 이번에는 다른 더 높은 산을 오르는 것입니다."

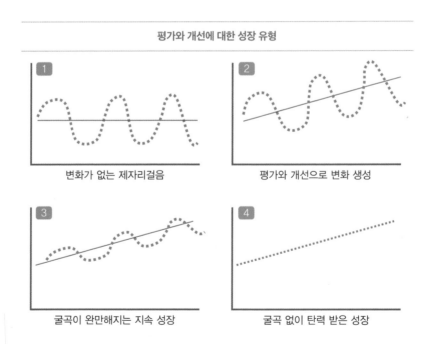

평가와 개선에 대한 성장 유형

1 변화가 없는 제자리걸음

2 평가와 개선으로 변화 생성

3 굴곡이 완만해지는 지속 성장

4 굴곡 없이 탄력 받은 성장

변화의 연쇄 성취 작용

"또 다른 높은 산, 그리고 베이스캠프를 다시 짓고 또 성장하고……, 한 단계 인생이 업그레이드된 것이군요. 멋있어요! 한 번 성취를 경험한 사람은 또 다른 성취에 도전하는 것이 가능하죠."

여기까지 완성하니 벽 하나 크기의 화이트보드가 거의 모두 채워졌다. P는 미란과 함께 작업한 그림의 지식체계와 사고의 흐름을 정리하기 위해 보드의 위쪽에 사고구간을 표시하고 각각의 제목을 붙여보았다. 하나의 작품이 탄생된 것이다.

'이런 방식으로 서재에서 지식을 체계화하시는구나.'

미란은 자신도 모르게 몰입하고 있었다. 미란은 P의 서재에서 그의 삶을 직접 경험하면서 이해하는 중이었다. 인터뷰를 하러 왔다는 사실조차 잊은 채 P의 지식세계로 걸어 들어가고 있었다.

"이제 다른 공간으로 이동할까요? 그런데 한 가지 덧붙이고 싶은 내용이 있어요. 미란 선생, 이곳에서 저와 대화하면서 지식체계를 만들었을 때, 자연스럽게 반복하던 사고방법이 있었는데, 혹시 느끼셨나요?"

"아뇨. 이런 거대한 그림을 그리기도 벅찼는데 뭘 더 생각했겠어요."

"저는 어떤 지식체계를 만들기 위해 비유적인 방법을 많이 사용해요. 그 비유를 함께 풀어가는 과정에서 일차적으로는 표면적인 내용을 정확하게 설명하고, 이차적으로는 그 속에 담긴 의미를 해석합니다. 결과적으로는 개인의 가치나 적용점으로 귀결이 되는 것이죠."

"내용을 이해하고, 의미를 해석하고, 가치를 적용한 거군요."

"이해, 해석, 적용이 목표이고 각각에서 찾아낸 것은 내용, 의미, 가치입니다. 이는 매우 일반적인 사고의 과정입니다. 가장 보편적인 용어는 관찰, 해석, 적용입니다."

"듣고 보니 기억나는 게 있어요. 독서법에서는 이를 쉽게 '본, 깨, 적' 즉 본 것, 깨달은 것, 그리고 적용할 것으로 표현하기도 합니다."

"이해 단계에서는 정확성이 요구되고, 해석 단계에서는 객관성이 요구되며, 적용단계에서는 주관성이 필요합니다."

지식체계를 만드는 과정의 사고 도출 단계

구분	내용 이행	의미 해석	가치 적용
일반 사고 기법	관찰	해석	적용
독서법	본 것	깨달은 것	적용할 것
요구되는 기준	정확성	객관성	주관성
필요한 내공	관찰력	통찰력	성찰력

미란은 화이트룸을 나오면서 질문 본능을 다시 드러내기 시작했다.

"구체적으로 어떤 면에서 지식세대와 지식전달자들에게 서재가 베이스캠프가 될 수 있을까요?"

"그 질문에 대해서는 이미 미란 선생이 답을 알고 있습니다."

서재에 대한 궁금증과 질문 주제

주제	질문	키워드
질문 1	서재 독서와 지식추구의 목적은 무엇입니까?	지식의 목적
질문 2	지식추구의 역사와 흔적을 서재에서 볼 수 있습니까?	지식의 역사
질문 3	서재 독서의 책 선정과 독서방법은 무엇입니까?	지식의 융합
질문 4	서재를 통해 시대의 변화를 읽어낼 수 있습니까?	지식의 변화
질문 5	서재와 지식추구 생애의 롤모델은 누구입니까?	지식의 멘토
질문 6	서재를 통해 지성과 감성을 겸할 수 있습니까?	지식의 감성
질문 7	한정된 시간 안에 방대한 서재 독서가 가능합니까?	지식의 시간

서재 인터뷰의 첫 인터뷰 주제를 다시 확인하는 순간 미란의 마음이 약간은 조급해졌다. 시간 가는 줄 모르게 화이트보드에 그림을 그리면서 지식체계를 잡다 보니 꽤 많은 시간이 흘렀기 때문이다. 지식의 목적이 '사람'이라는 것은 이제 어느 정도 이해가 되었다. 그 과정에 어떻게 지식으로 '사고'하는지 파악도 되었다. 그러고 나니 그러한 통찰과 성찰의 힘을 만들어주는 독서체계가 궁금해졌다.

"어떻게 책을 읽습니까? 구체적으로 어떤 책을 고르고, 어떤 순서로 읽고, 어떻게 서재에 비치하며 관리하는지 궁금합니다."

P는 미란을 가장 안쪽의 방으로 안내하였다. 그곳은 방 전체를 빼곡하게 책장과 책으로 채웠는데, 그 앞에 벤치가 하나 놓여 있다. 잘 갖춰

진 서재에 벤치가 놓여 있다기보다는 잘 조성된 공원 벤치 옆에 서재가 놓인 느낌이다. 미란은 벤치에 앉아 보았다.

"미란 선생, 베이스캠프에서 책을 읽는 시간은 어쩌면 전쟁과 같은 치열함이 느껴질 수도 있습니다. 그러나 저는 이곳 벤치에 앉는 순간 쉼과 평안을 느낍니다. 그야말로 베이스캠프를 경험하는 것이죠.

내가 어디로 가는지, 어떻게 가는지, 왜 가야 하는지, 방법은 무엇이며, 잘 가고 있는지, 함께 가고 있는지, 속도가 나는지, 속도가 나지 않는다면 이유는 무엇인지, 천천히 가는 것이 더 낫지는 않은지, 반복되는 실패가 있다면 그 이유는 무엇인지, 실패를 통해 배울 점은 무엇인지를 생각합니다. 본질의 흐름을 따라 시선을 따라가다 보면 그 자체만으로도 저는 힐링이 됩니다. 여기가 바로 이 서재의 심장부, 즉 설국열차의 맨 앞칸입니다."

서재는
역사의 궤적

라이프센터, 유일한 서재

이 세상 어디에도 없는 P가 상상하고 만든 그만의 서재이다. 정확히 말하면 서재 속 서재이다. 베이스캠프의 한쪽 공간을 따로 떼어내, 특별한 공간을 별도로 꾸민 것이다.

인생을 어떻게 살아가야 하는지 방향성에 대한 서가로 인생의 흐름에 대한 책이 일목요연하게 배치되어 있다.

북 코너 - 인생 흐름 독서

Life 코너 _ 인생 전체 성찰

Death 코너 _ 죽음에 대한 통찰

Half Time 코너 _ 인생의 중간 점검

Happy 코너 _ 진정한 행복 깨달음

북 코너 - 인생의 변화 추구

Turning Point 코너 _ 인생의 결정적 계기

Who 코너 _ 자신의 정체성 이해

Dream 코너 _ 새로운 꿈을 추구

저자 코너 _ 최고의 인생 코치들

생애독서의 서재 구성

	구성	분야	책 예시
1	Life	인생 전체 성찰	인생수업, 무엇을 위해 살 것인가
2	Death	죽음에 대한 고찰	유언, 마지막 질문, 인생열전, Death
3	Half Time	인생의 중간 점검	하프타임의 고수들, 애프터 하프타임
4	Happy	긍정심리와 행복학	행복4.0, 해피어, 긍정심리학
5	Turn Point	인생을 바꾼 계기	인생을 바꿔줄 선택, 내 인생이다
6	Who	자기를 찾는 여행	프레임, 나는 무엇을 잘할 수 있는가
7	Dream	꿈과 목표 추구	꿈을 설계하는 힘, 비저닝, 보물지도
8	Author	인생 코치와의 만남	폰더 씨의 위대한 하루, 단 하루만 더

P는 설명을 마치고, 잠시 미란에게 둘러볼 시간을 주기 위해 집필실로 자리를 옮겼다. 미란은 커피를 마시며 수첩을 꺼내 서재 구성에 대해 메모를 시작하였다. 나중에 사진 촬영도 하겠지만 그래도 현장의 생각을 담아 메모를 해두어야 나중에 생각이 날 수 있기 때문이었다.

"폴샘, 라이프센터Life Center는 인생을 조망하는 책들이 있기 때문에 붙인 이름인가요?"

"그렇다고 볼 수 있죠. 그런데 여기서는 한 가지 통찰이 필요합니다. 센터Center라는 단어가 가지는 특수성이죠."

"그렇게 얘기하시니 왠지 라이프Life라는 단어보다 센터Center라는 단어가 더 중요하게 다가오는데요."

"라이프는 이 코너의 내용 분야를 아우르는 표현이지요. 베이스캠프의 서재 구성 차원에서는 어떤 분야의 책을, 어떻게 배치하고 공간을 기획하느냐도 무척 중요합니다. 이 서재에는 다양한 테마가 있는데 이 모든 테마는 해당 분야의 책 규모와 영역의 다양성에 따라 크게 세 가지로 구분되고 있습니다. 바로 클래스Class, 존Zone, 센터Center입니다."

"클래스, 존, 센터요? 각각 일상적으로 사용하는 용어들인데, 갑자기 이렇게 떼어내서 의미를 구분하려고 하니 무척 어색하네요."

클래스, 존, 센터

"클래스는 말 그대로 수업의 개념입니다. 존은 클래스와 클래스가 내용과 형식으로 융합하는 개념이고, 센터는 그러한 클래스와 존의 개념이 모두 통합하여 인생의 성장구도를 만들어주는 개념입니다."

"폴샘, 왠지 넓이 독서, 깊이 독서, 높이 독서와 뭔가 연결되는 느낌이 드는데요."

"느낌을 읽으셨군요. 하지만 일대일 매칭시키는 과정에서는 약간의 순서가 바뀝니다."

P는 미란을 서재의 통로 쪽으로 안내하였다. 블록을 지나가면서 각각의 타이틀을 가리키며 클래스와 존, 센터의 공간을 구분해 주었다.

북 코너 - 인문학의 세부 분야

철학

역사

예술

과학

문화

클래스와 존, 그리고 센터 구분

구분	설명	비교	사이즈
클래스(Class)	한 분야의 체계화된 수업	깊이 독서(Depth)	교실
존(Zone)	각 분야를 융합하는 구성	넓이 독서(Width)	층
센터(Center)	One Stop의 충족 구조	높이 독서(Height)	건물, 지역

"미란 선생은 인문학 강의나 수업을 종종 하시죠. 주로 어떤 주제를 다루나요? 서재의 인문학 분야는 마치 그런 인문학 수업과 같습니다. 깊이 들어가죠."

"이것이 바로 클래스개념이군요."

"분야 하나를 깊이 들어가는 것이지요. 그런 면에서 클래스는 '깊이 독서'에 가깝습니다. 넓이 독서, 깊이 독서, 높이 독서의 순서와 클래스, 존, 센터의 순서는 일대일 매칭에서 약간의 차이가 있습니다. 가장 작은 사이즈이지만 한 분야를 깊이 들어가는 클래스가 바로 깊이 독서가 됩니다."

"폴샘, 제가 꿈꾸는 인문학교실의 공간 구성이 떠올랐어요. 문화교실, 역사교실, 철학교실 등 각 룸에 예쁜 이름을 붙이면 될 것 같아요. 클래스의 개념이 이제 정확하게 이해가 되었어요."

"문화교실, 역사교실, 철학교실 등이 한 층에 배치될 경우 그 층의 이름을 제가 짓는다면, 저는 '인문존Humanities Zone'으로 만들겠습니다. 존은 각 깊이의 분야가 모여서 하나의 울타리를 이루는 개념이죠."

"폴샘, 클래스가 각 교실의 수업모형이라면, 존은 여러 분야가 서로

영향을 주고 융합되는 모형이라는 생각이 들어요. 즉, 존에는 여러 클래스가 들어 있을 것 같아요."

"하지만 관련이 있는 분야가 울타리 안에 모여 있어야 잘 어울립니다. 예를 들어 진로존을 만들 경우에는 직업탐색 진단, 진로설계, 직업보드 게임, 직업영상, 로드맵 설계 등이 가장 직접적인 클래스들이고, 여기에 직업체험, 직업인과의 만남 등을 포함할 수도 있겠죠."

"그렇다면 센터의 개념은 이 모든 것을 아우르는 큰 개념이겠군요."

"센터는 그 안에 독립적으로 생애적 지식을 소화할 수 있는 개념입니다. 센터는 클래스와 존을 포함한 건물 개념 혹은 지역 개념입니다."

"그래서 대부분의 교육기관들이 각 지역별로 '센터'를 가지고 있군요. 그리고 보니 어떤 교육기관의 경우, 실제로 한 건물 안에 여러 층을 사용하면서 컨설팅, 수업, 체험, 상담, 자기주도학습 등을 원스톱으로 소화할 수 있게 구성하는 경우를 보았던 것 같아요."

"경험을 하셨군요. 저는 바로 그러한 개념을 적용하여 베이스캠프 서재를 구축했습니다."

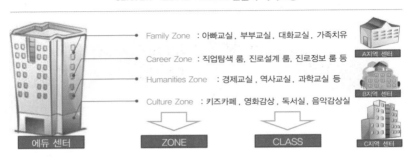

P의 설명을 듣고 나니, 인문학존과 진로존 그리고 라이프센터가 다
소 이해되었다. 이 정도 규모의 책들을 갑자기 읽기는 어려웠을 것이
다. 도대체 언제부터, 이렇게 지식을 축적하고 분류하며 체계를 만들
어왔을까.

"폴샘, 아예 단도직입적으로 여쭤볼게요. 이 서재는 언제, 어떻게 탄
생했고, 얼마의 시간이 흐른 후 지금의 모습을 갖추게 되었는지요. 그
리고 그 사이에 어떤 구체적인 노력을 했는지 궁금해요."

"저는 서재에서 다음의 빙산 네 가지를 아주 오랫동안 준비했습니다."

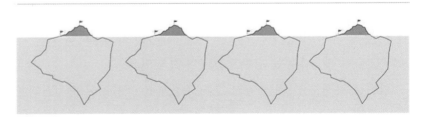

독서 기록의 시작

P는 화면에 대학 때부터 읽은 자신의 책이 어떻게 지금의 서재 모습으로 바뀌어 왔는지 그 과정을 이미지를 통해 보여주었다. 이것이 서재를 세상에 오픈한 첫날이었다.

처음에는 방에 책을 쌓아두기 시작했다. 그런데 어느 순간에 이르니 읽은 책이 무엇인지, 읽었던 책이 어디에 있는지 도무지 찾을 수가 없었다. 그래서 부모님께 양해를 구하고, 집의 벽을 책장으로 두르고 책

서재 변천사

1단계. 책 쌓아두기

2단계. 벽 두르기

3단계. 분류하기

4단계. 공간분리하기

91

을 거기에 꽂기 시작하였다. 책이 가로로 쌓이지 않고, 세로로 꽂혀 있으니 책 찾기가 훨씬 쉬워졌다. 그렇게 책이 쌓이는 과정에 P는 대학을 졸업하고 강의를 시작하면서 새로운 문제가 발생하였다. 읽었던 책에서 강의내용을 찾고 글쓰기의 소재를 찾아야 하는데 너무 여기저기 책들이 마구 꽂혀 있어서 책을 활용하는 데는 시간이 많이 소요되었던 것이다. 결국 책을 주제별로 분류하였다. 이렇게 변화를 거듭하던 서재는 현재 공간별로 주제별로 분류되는 수준에 이르게 된 것이다.

P는 독서의 습관과 그것이 만들어낸 서재의 변천사를 보여주었다. 강의 중에 '그것이 알고 싶다'라는 프로그램에서 다룬 '독서'에 대한 영상을 청중 교수들과 공유하였다. 대학생들이 어떤 상태인지를 명확하게 소개해 주는 내용이다.

'책 안 읽는 사회'

출처 -SBS 그것이 알고 싶다

"공부하기 위해 대학가지 않고, 대학가기 위해 공부합니다. 막상 대학에 들어가면 취업을 위한 공부를 합니다. 이것이 코미디입니다."

이러한 왜곡된 구조는 이미 예견된 것이었다. 청소년 시기부터 이미 방향을 제대로 잡지 못하고 대학에 입학했기 때문이다.

강의를 듣던 교수들은 고개를 끄덕이며 공감하였다. P는 희망을 주기 위해 또 다른 영상도 보여주었다.

영상에 등장하는 한 대학생의 방에는 책이 가득 쌓여 있다. 그는 책을 통해 생각을 키웠다며 기업의 취업 면접에서 어떤 답변을 하는지 보여준다.

독서하는 대학생의 사례와 그러한 독서를 직접 실천한 P 개인의 역사에 대해 교수들은 매우 흥미로운 반응을 보였다. 하지만 P가 정말 하고 싶었던 이야기는 서재 탄생의 역사가 아니었다. 그러한 서재의 역사가 만들어낸 결과를 소개하고 싶었던 것이다.

"한 권의 책을 읽을 때마다 한 줄씩 기록하였습니다. 이 책이 어떤 사람에게 도움이 되는지 간단하게 대상과 도움의 내용을 기록한 것입니다. 아주 구체적이고 많은 내용을 욕심 부리지 않고 오직 한 줄씩 기록하였습니다. 그리고 기록한 내용을 저의 바인더에 차곡차곡 기록하고 축적하였습니다."

하루 한 권 독서표

	제목	저자	날짜	추천대상	대상특성	연관도서
54	리얼멘토링	김한훈	3. 21.	대학생, 중고등교사	목표 부재, 결과 부재	MY LIFE
55	너는 무엇을 위해 살래?	바바라 루이스	3. 22.	청소년 교육전문 가 교회학교 교사	진로에 대해 막막	세계명문 직업학교

56	퍼스널브랜드 성공전략	임문수	3. 23.	대학생 취업준비생 취업강연 강사	적성에 맞는 커리어고민	그림으로 보는 직업백과사전
57	메모의 기술	시카토 켄지	3. 24.	대학생, 직장인 목회자	비전과 목표관리 가 구체성 결여	CEO의 메모, 바라봄의 법칙.
58	꿈을 이루는 보물지도	모치즈키 도사타카	3. 26.	청소년, 대학생, 주부	삶의 의욕이 없고, 성취가 결여된 사람	보물지도 부미, 시크릿, 끌어당김 의 법칙
59	18시간 몰입의 법칙	이지성	3. 27.	청소년, 대학생	지속적인 노력 결여. 땀의 소중함 결여	몰입, 몰입경영,
60	메모의 달인들	최효찬	3. 28.	대학생, 직장인 사역자, 목회자	비전의 구체화 능력이 결여된 리더들	세계명문가의 자녀교육. 자녀교육 영웅들
61	에디슨법칙	우베 마이어	3. 29.	비즈니스맨 사회초년생	성과가 없어 낙담하는 사람	다빈치의 세상을 담은 비밀노트
62	스틱	칩히스	4. 2.	직장인	계획을 하지만 실행력이 부족한 사람	스위치, 레밍딜레마 늑대 뛰어넘기 네안데르
63	레프톨스토이1.2	톨스토이	4. 23.	청소년, 초등생 학부모	삶의 성찰력이 필요한 이들. 일기쓰기 강조	바보이반 비밀일기
64	상담이론으로 지도하는 진로교육	김경미	4. 24.	학교교사 교육컨설턴트 멘토	진로적성, 인생의 꿈이 없는 청소년에게 필요	초등학교의 진로교육
65	프로페셔널의 조건	피터 드러커	4. 25.	직장초년생 중간관리자	자기관리력이 미약한 직장인. 성과없는 맴버	자기경영 노트
66	석세스 플래너	백기락	4. 26.	비즈니스맨	자기경영이 필요한 직장인과 성인	성공을 바인딩하라
67	스토리가 스펙을 이긴다	김정태	4. 27.	대학생 취업준비생 이직준비자	스펙과 경쟁에 매몰된 의욕이 상실된 이	유엔사무총장
68	지식노동자	피터 드러커	4. 28.	비즈니스맨 1인기업가 지망자	지식정보를 가공하여 수익을 만드는 이들	1인기업으로 먹고살기
69	입학사정관 포트폴리오	송태인	4. 30.	교육전문가 학교교사, 대학생 멘토	입학사정관제를 대비하는 교육주체들	입학사정관제로 대학가기
70	비전스타트	최광렬	5. 2.	청소년	삶의 목표가 없는 청소년들.	비저닝. 성공하는 10대의 7가지 습관

71	21일 공부모드	정철희	5. 3.	청소년, 학부모	노력을 하지만 성과가 나지 않는 청소년	1등들의 자기주도 학습전략
72	올패스 공부법	서상민	5. 4.	청소년, 학부모 교육컨설턴트	기억에 남고, 성과를 내는 공부를 희망	왜 자기주도 학습일까
73	대한민국 성장통	공병호	5. 6.	직장인, 대학생 정치인	자기경영의 통찰을 필요로 하는 사람	사장학 희망의 리더십
74	기도를 다운로드 하라	한홍	5. 7.	크리스천대학생 일반크리스천	기도의 능력을 이해하고 실행 필요한 자	하나님의 보좌를 움직이는 기도. 거인들의.
75	밸런스독서법	이동우	5. 8.	일반직장인	독서를 통해 자기관리능력을 키우려는…	전략적 독서법
76	나비형 인간	고영	5. 9.	교육전문가 일반직장인 학부모	재능을 통해 성품을 키우는 학생 필요	아고라에 선 리더십. CEO의 자녀교육
77	아름다운 리더코스	안양 대학교	5. 10.	대학생 교육전문가 비전전문가	대학생활의 구체적인 관리가 필요한 사람	대학생을 위한 성공을 바인딩하라
78	나를 찾아 떠나는 심리	정종진	5. 11.	성인, 부부	자기 이해를 통해 상대방 이해가 필요한…	성격유형과 진로탐색

하루 한 권의 책을 읽고, 읽은 책에 대해 제목, 저자, 날짜, 추천대상, 대상 특성, 연관도서 등 최소한의 정보를 간단히 입력한다. 이렇게 하루에 한 권 읽기와 한 줄 기록을 습관화하였다. 20년이 지난 지금, P의 서재에는 그러한 내용이 축적된 바인더가 빼곡하게 꽂혀 있다. 그렇게 책을 읽다 보니, 자연스럽게 누군가에게 책을 추천해 주는 일도 많아졌다. 고민하는 후배가 있으면 그 고민에 도움이 될 만한 책을 소개해 주기도 한다.

P는 대학을 졸업하고 교육기업에 연구원으로 입사한 때부터 직업과

별개로 대학생들을 멘토링하는 일을 시작하였다. 일종의 사회적 공헌이자 '지식나눔'이었다.

"저는 한 명의 대학생을 최소 4년 이상을 멘토링하였습니다. 만약 가능하다면 이 대학의 학생들에게도 교수님들이 일대일 사사관계로 묶이는 멘토링 제도가 있었으면 좋겠습니다. 저는 한 사람을 돕되, 그 사람이 겪는 수많은 과정적 어려움마다 도움이 될 만한 책을 소개해 주었습니다."

독서로 타인의 삶을 돕는다

"그런 과정을 거쳐서 지금의 서재가 탄생한 것이군요. 그야말로 서재 변천사를 들은 것 같아요. 이러한 과정을 20년 동안 지속하는 것은 정말 어려웠을 것 같아요."

"제가 20년째 책을 읽고 서재를 만들 수 있었던 것은 바로 독서의 목적이 사람을 향하고 있었기 때문입니다. 그런데 마음만 그렇게 먹는 것으로는 한계가 있어요. 구체적인 독서활용의 습관이 함께 이루어져야 합니다."

"사람을 위해 읽은 독서를 활용한다는 것은 구체적으로는 책을 소개해 주는 행위를 말하는 것인가요?"

"그것은 일부에 불과합니다. 저는 책을 다양한 방식으로 사람을 위해 사용합니다."

P는 책을 소개해 주고, 읽었던 책에서 도움이 될 만한 구체적인 내용을 발췌해서 필요한 사람들에게 보내준다. 다음은 칭기즈칸이 어느 젊음에게 보낸 편지이다.

「집안이 나쁘다고 탓하지 말라. 나는 아홉 살 때 아버지를 잃고 마을에서 쫓겨났다. 가난하다고 비관하지 말라. 나는 들쥐를 잡아먹으며 연명했고, 며칠을 굶고도 목숨을 건 전쟁에 임했다. 작은 나라에서 태어났다고 한숨짓지 말라. 그림자 말고는 친구도 없고, 병기 하나 없는 병사만 10만, 백성은 어린애, 노인까지 합쳐봐야 2백 만이 채 되지 않았다. 배운 게 없고 힘이 없다고 기죽지 말라. 나는 내 이름도 쓸 줄 몰랐으나 남의 말에 귀 기울이며 현명해지는 법을 배웠다. 너무 막막하다고 포기하지 말라. 나는 목에 칼을 쓰고도 탈출했고, 뺨에 화살을 맞고도 살아났다. 적은 밖에 있지 않고 내 안에 있었다. 내게 거추장스러운 것을 깡그리 내다버렸다. 그렇게 내 자신을 극복하는 순간 나는 칭기즈칸이 되었다.」

그리고 P는 책장에서 여러 장의 편지들을 꺼내어 보여주었다. 예쁜 편지지에는 실제 P가 학생들에게 보낸 편지내용이 들어있었다. '스펜서 존슨이 하성이에게 보내는 편지이다.'는 유명한 스펜서 존슨 저자가 하성이에게 편지를 보낸 것이 아니라, P가 스펜서 존슨의 책을 모두 읽고 그 작가의 마음을 이해한 뒤, 하성이를 위해 편지 형식으로 각색한 것이다.

"당신의 인생은 수많은 '선택'에 따라 결정됩니다."

저는 스펜서 존슨입니다. 원래는 사람을 고치는 의사였죠. 그런데 아픈 사람들을 고치다가 한 가지 중요한 사실을 발견하게 되었습니다. 그것은 사람의 몸이 아프기 전에 먼저 마음이 아프다는 사실입니다. 그리고 사람의 몸만 치료해서는 안 되며 마음의 어려움을 없애주어야 한다는 사실이었습니다. 그 후, 나는 병원에서 일하는 것을 그만두고 사람들의 '마음'을 도와주는 일을 하는 사람이 되었습니다. 많은 사람이 의사가 되고 싶어 하지만 나는 의사가 되었음에도 그 의사를 포기하고 새로운 삶을 '선택'하였습니다. 그리고 나는 더 행복해졌습니다. 그 후, 나는 선택과 행복에 대해 책을 써서 전 세계의 사람들에게 큰 감동을 주었습니다. 나는 내 인생의 행복을 위해 가장 위대한 '선택'을 하였기에 진정으로 행복해질 수 있었습니다.

당신도 매 순간 선택을 할 것입니다. 그 선택은 두 개 중에 어느 것을 먹을까 고르는 작은 선택일 수도 있습니다. 때로는 당신이 길을 잃은 상황에서 어느 길로 가야 할지 결정해야 하는 중대한 선택일 수 있습니다. 그런데 바로 그런 순간 어떻게 선택해야 할 것인지 우리는 미리 생각을 해보아야 합니다. 많은 사람은 자신의 선택에 대해 무심히 지나치는 경우가 많습니다. 그렇기에 순간적인 상황과 감정, 사람들의 말에 이끌려 일생을 살아가기도 합니다.

이 순간 당신은 이 글을 읽으면서, 그리고 이 글을 읽은 후에도 선택해야 할 것입니다. 나의 말을 마음에 새기고 이제부터 다른 삶을 살 것인가. 아니면 이전에 살던 것처럼 그저 어린아이처럼 눈에 보이는 것을 원하고, 원하는 것을 얻기 위해 목 놓아 울어버리는 방식으로 살 것인가를 결정해야 할 것입니다.

"선택의 규칙을 알아야 합니다."

먼저는 정말 나에게 필요한 것을 찾아야 합니다. 필요한 것은 내가 좋아하는 것과 조금 다르다는 것을 알아야 합니다. 필요한 것을 어떻게 알 수 있을까요? 한번 생각해 보십시오. 당신이 살면서 시간이 흐른 뒤에 '아, ~ 할걸.' 하고 후회하는 것들이 있지 않습니까? 그것이 바로 '필요한 것'입니다. 미래의 판단을 미루어 짐작해 보는 것이지요. 그래서 후회하지 않을 것을 선택하는 것, 그것이 바로 필요한 것을 결정하는 지혜입니다. 원하는 것은 곧 바라는 것이지만, 필요한 것은 꼭 해야 하는 것입니다. 이 두 가지를 구분하고 선택의 상황에서 적용할 수만 있다면 당신의 인생은 매일 달라질 것입니다.

다음으로는 선택을 위해 다양한 정보를 모으고 미리 예측해야 하는 규칙이 있습니다. 즉, 선택의 폭을 넓혀야 한다는 것입니다. 한 가지만 바라보는 사람은 그것이 최고인 줄 압니다. 그런데 비슷하지만 약간씩 다른 다양한 것들을 놓고 비교하다 보면 더 나은 것을 분명 찾아낼 수 있죠. 당신이 살아갈 세상은 지식과 정보가 없으면 살기가 어려워질 것입니다. 다양한 지식과 정보를 파악하고 자신의 선택의 폭을 넓히는 지혜로운 사람이 되기를 바랍니다.

그리고 선택을 하기 위해서는 미리 충분히 생각해야 합니다. 몇 가지 선택의 상황에서 각각의 선택에 따르는 결과들을 꼼꼼히 생각해 보아야 합니다. 그래서 준비된 반응을 해야 하는 것입니다. 등산하는 사람들을 이끄는 가이드는 길에서 갑자기 뱀이 나타났을 때 매우 민첩하게 반응을 합니다. 그럴 경우 그 가이드는 반응이 빠른 사람이 아니라, 철저히 생각하여 미리 예상하고 결정한 반응들을 보이는 것입니다. 노력하고 생각하는 사람은 위대합니다. 당신도 그렇게 될 수 있음을 확신하십시오.

마지막으로는 자기 자신의 솔직한 마음을 확인해 보는 것입니다. 그리고 내가 진실이라고 생각하는 것이 다른 사람이 보기에도 그러한지 확인해야 합니다. 때로는 당신이 볼 수 없는 것을 다른 사람들이 볼 수도 있습니다. 때로는 당신이 믿고 있는 그 무엇이 다른 사람이 보기에는 그렇지 않을 수도 있다는 사실을 기억해야 합니다. 이 마지막 규칙까지 당신이 충분히 이해했다면 이제부터 시작입니다.

"행복을 위해 '멈춤'이 필요합니다."

행복을 위해서는 멈춤이 필요합니다. 하루를 살다가 단 1분이라도 눈을 감고 자신을 돌아보십시오. 내가 지금 무엇을 위해 살고 있는가. 나는 지금 어디로 가고 있는가. 지금 이 순간 나를 위해 할 수 있는 최선의 선택은 무엇인가. 자동차를 몰면서 자주 만나는 신호등은 우리를 화나게 할 수도 있습니다. 가는 시간이 늘어진다고 짜증을 부릴 수도 있습니다. 그러나 그 신호등이 있어야 우리는 잠시 멈추며 생각을 할 수 있습니다. 어디로 갈 것인지, 꼭 가야 하는 것인지, 제대로 가고 있는지 등 목적을 살피는 잠깐의 멈춤은 아름다운 시간입니다. 행복을 위해서는 이러한 '멈춤'이 꼭 필요합니다.

"살아있는 '현재'가 바로 '선물'입니다."

'현재'는 영어로 'present'입니다. 또한 '선물'이라는 뜻도 있습니다. 즉 당신이 살아 숨 쉬는 현재가 바로 선물이라는 것입니다. 지금 이 순간에도 수많은 사람이 원치 않는 절망과 죽음을 맞이하고 있습니다. 지금 이 순간 당신이 살아서 숨 쉬고 있음에 감사하길 바랍니다. 감사는 바로 행복의 출발점입니다.

『선택』, 『누가 내 치즈를 옮겼을까?』, 『선물』, 『행복』을 읽고
스펜서존슨 아저씨의 마음으로 폴샘이 씀

편지 한 장 한 장을 읽을 때마다 미란의 마음에 따뜻한 기운이 전해졌다. 어느 학생에게 보내는 편지에 이렇게 친절하고 섬세한 생각을 적기 위해 고민했을 법한 그의 노력이 떠올랐기 때문이다.

이것이 바로 P가 오랜 세월 책을 읽고 청소년들과 대학생들에게 보냈던 '독서편지'이다. P의 서재에는 그동안 썼던 독서편지가 소책자로 제작되어 있다. 그 소책자를 테마별로 묶어 주제별 제본집을 만들어서 보관하고 있으며, 그 과정을 모아 통합자료집으로 만든 책이 존재한다. 특히 대학생들에게 보내는 독서편지는 대학생들이 서로 파일을 공유하며 간직하는 소중한 리소스이다.

다음은 2007년 봄 멘토링하는 대학생들에게 보낸 독서편지이다. 미

래학자 존 나이스비트의 언어로 편지를 작성한 것이다.

"미래를 읽어야 합니다!"

안녕하십니까. 나이스비트입니다. 저는 엘빈 토플러와 함께 미래예측의 양대 산맥을 이루는 사람입니다. 제 입으로 말하니 다소 머쓱하군요. 제가 수년 전에 시리즈로 출간한 『메가트렌드』는 저를 세계에 알리는 데에 가장 결정적인 역할을 하였습니다. 그러나 책 한 권이 저를 드러냈다고 생각하지는 않습니다. 제가 가진 특별한 장점이 있다는 것이지요. 저는 미래학자입니다. 분명한 것은 제가 '점술가'가 아니라는 것입니다. 예언하는 것이 아니라, 예측하는 것입니다. 자신의 미래를 알기 위해 점술가를 찾아가는 사람들이 많이 있습니다. 불안한 마음을 달래기 위해 점술가를 찾아가는 것은 선택의 자유입니다.

그러나 그러한 선택으로 마음을 달랠 수는 있지만, 미래를 위해 최선의 준비를 하기는 어려울 것입니다. 미래를 안다는 것은 무엇을 의미하는 것일까요? 그것은 철저히 사회학적이고 과학적이며 통계적인 행위입니다. 미래를 알기 위해 제가 처음 시도한 행동은 지역에서 쏟아져 나오는 모든 종류의 신문을 모아 분석하는 일이었습니다. 정보들이 쌓이고 점차 노하우가 집중되면서 자그마한 잡지형식으로 현재의 흐름들을 정리했죠. 그러면서 몇몇 기업에 그러한 자료를 제공하게 되었습니다. 그 당시만 해도 그러한 행위는 미래를 예측한다기보다 현재를 분석하는 행동에 가까웠습니다.

핵심은 바로 여기에 있습니다. 미래를 예측한다는 것은 '현실을 바로 안다는 것'입니다. 객관적이고 정확하게 현실을 분석하는 능력, 이것이 바로 미래를 읽어내는 능력입니다. 이것이 특별한 능력인 것처럼 보이지만, 철저한 노력의 결과랍니다. 그리고 미래를 예측하는 사람과 그렇지 않은 사람에게는 분명 결과적인 차이가 존재합니다. 현재에는 그 차이가 드러나지 않습니다. 하지만 일정 시간이 지나면, 극복할 수 없는 차이를 분명 만들어낸답니다.

주위를 둘러보십시오. 얼마나 빠른 속도로 세상이 변해 가는지 분명히 알아야 합니다. 몸은 현재를 살아가고 있지만 아직도 생각이 과거에 머물러 있는 사람들은 분명 후회할 것입니다. 예전 같으면 그저 그렇게 살다가 죽기 전에 후회하겠지만, 지금은 그렇지도 않습니다. 변화의 속도가 상상을 초월하고, 또한 더 오래 살게 된 마당에 감당하지 못할 변화의 결과로 더 오랜 시간 후회하게 될 것이기 때문입니다.

"신문을 보아야 합니다!"

여러분이 할 수 있는 것은 무엇일까요? 저는 신문 읽기를 권합니다.

그것은 아직 1세기는 더 유지할 수 있는 현실 분석의 방법입니다. 마치 인류가 아무리 최첨단의 기술을 지향하더라도 입으로 씹어 먹는 즐거움을 포기하지 않는 것과 마찬가지입니다. 신문을 읽으면 가장 저렴하게 현실을 알 수 있습니다. 신문을 통해 무언가 얻어야 합니다. 변화의 포인트들과 만나십시오.

지금의 시대에 정보의 가치는 돈을 넘어섭니다. 우리가 살고 있는 이 시대는 그야말로 변화의 중심에 속해 있습니다. 우리 시대에는 아직도 '농부'들이 있습니다. 그 '농부'들은 시대의 변화에 못 이겨 도시로 들어와 '노동자'가 되었습니다. 산업화의 주역들이지요. 그러나 점차 기계화와 자동화가 불어오면서 노동자들은 점차 설 자리가 없어졌습니다. 노동자들 중의 일부는 이미 '점원'으로 옮겨가고 있습니다. 당분간은 '점원'이 대세를 이룰 터이나, 그조차 장담할 수는 없습니다. 그리고 그 점원의 노동인력조차 '프로그래머'들의 더 좋은 업무 시스템 개발로 줄어드는 추세입니다.

무엇을 이야기하자는 것입니까? '정보 자체가 곧 생존'이라는 사실을 말하는 것입니다. 긴장하십시오. 자신의 선택과 결정은 자신의 일생으로 끝나지 않습니다. 다음 세대 곧 자녀들에게 고스란히 물려지게 됩니다. 그 계층적인 대물림과 한계를 극복하는 데는 최소 삼대가 걸린다고 합니다. 사회가 이것을 구조적으로 해결해 줄 것이라고 막연하게 기대하지는 마십시오.

그러나 희망은 있습니다. 여러분 안에 있는 잠재력과 가치를 깨우십시오. 돈이 없어 외식을 못하더라도 백화점 식품매장의 시식코너를 돌며 행복해하는 부부가 있다면 그들은 저보다 행복한 존재들입니다. 행복의 가치를 찾을 수 있는 것이 충분히 존재하기 때문입니다. 그럼에도 제가 여러분의 그 행복 가능성을 높여줄 수 있기를 기대합니다. 힘내십시오.
얼굴만 보아도 긴장감이 감도는 미래학자의 책을 읽고, 가장 기억에 남는 두 가지를 뽑아 그분의 언어로 전합니다.

존 나이스비트의 『마인드세트mindset』를 읽고 2007. 폴샘

P는 미란에게 독서편지의 내용과 소책자 그리고 제본집 등을 자세하게 보여주며 제작과정을 말해 주었다. 그는 책을 읽은 후, 마음에 깊이 와 닿은 저자가 있을 경우 그 작가의 책을 모두 찾아 읽기 시작한다. 이는 P가 말한 '넓이 독서'이다. 그 과정을 거치면 그 작가의 세계관을 이해하고 작가가 전달하는 주제의식을 정확하게 읽어낼 수 있게 된

106

다. 이는 '깊이 독서'이다. 결국 이러한 과정을 거쳐 형성된 해당 작가의 통찰을 담아 특정 대상에게 독서편지를 보낸다면 이는 '높이 독서'에 해당하는 것이다.

넓이 독서, 깊이 독서, 높이 독서는 P가 지식을 추구하는 모든 삶에 유유히 흐르는 물줄기와도 같다. 베이스캠프의 지식축적을 이루는 근본체계인 것이다. 그는 이러한 프로세스를 미란이 이해할 수 있도록 직접 하나씩 보여주면서 설명하였다.

"미란 선생은 독서 이후에 독서의 내용을 어떤 방식으로 기록하고 보존하나요?"

"저는 애버노트라는 클라우드를 이용해서 가볍게 내용을 올리고 그 지식을 축적합니다."

"저도 그 방법을 흉내 내어 본 적은 있지만 익숙하지는 않더라고요."

"폴샘은 다양한 디지털기기를 많이 사용하시는 것으로 알고 있어요. 저보다 훨씬 더 스마트하게 독서기록을 관리하실 것 같은데요."

"다른 부분은 그렇습니다. 하지만 독서만큼은 달라요."

"충분히 공감이 갑니다. 저 역시 더 긴장해야겠다는 생각이 드네요."

"또 저는 책을 읽고 다양한 방식으로 흔적을 남깁니다. 그림을 그리기도 하고, 때로는 표를 사용하기도 해요. 글, 그림, 구조, 상징체계 등 다양한 방식을 사용해서 독서 이후의 사고 결과를 흔적으로 남기는 거죠. 이렇게 책을 읽는 중에 한 작가에게 매력을 느끼게 되면 그 작가의 책을 모두 읽어서 지식바인더에 체계적으로 기록하고 보존합니다. 이러한 과정에서 그 작가의 통찰과 메시지가 제 지식세계에 들어오죠. 바로 그 순간이 독서편지를 쓰기 위한 초기화 단계입니다."

"그 정도 수준으로 작가의 세계가 이해되었을 때, 독서편지를 쓸 수 있는 것이군요."

"높은 수준을 말하려고 했던 것은 아닙니다. 한 작가의 이름을 빌려 편지를 쓰려면 적어도 그 작가의 지식체계를 제대로 이해하여야 내용을 담을 수 있다는 것을 말하는 것입니다."

"폴샘, 그런데 한 가지 궁금한 게 있어요. 그 오랜 세월, 정작 폴샘 자신이 힘들 때는 어떻게 넘었는지요? 좌절할 만한 순간이 없지는 않았을 텐데요. 서재가 그럴 때도 역할을 할 수 있었나요?"

독서바인더의 메모방식과 작가섭렵 과정

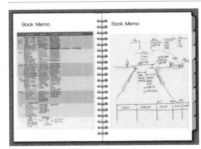
한 권의 책을 읽고 다양한 형식으로 책의 내용을 메모하고 구조화한다.

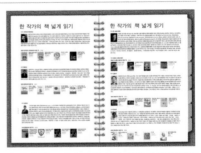
한 권의 책으로 만난 작가 중, 울림이 큰 작가의 작품을 모두 읽어서 구조화한다.

나 자신을 위한 멘토링

미란은 서재 속에 담긴 그의 역사가 어떻게 20년 동안 지속가능했는지 궁금했다. P는 한 북 코너로 미란을 안내하였다.

"미란 선생, 이 책들은 어떤 공통점이 있을까요?"

"경청, 관심, 배려, 선택, 행복……. 전반적으로 제목이 따뜻한 느낌인데요."

"이 책들은 인생의 과정을 따뜻한 스토리로 풀어간 책들만 모은 것입니다. 제 삶이 무거울 때, 그리고 막힐 때, 다른 사람을 돌아보는 삶이 너무 무모해 보일 때 저 역시 지치고 무너집니다. 그럴 때 저는 조용히 이 코너 앞에 섭니다. 그리고 처음 그 책을 읽었을 때의 감성을 기억해 내어 책 한 권 한 권을 다시 펼쳐 봅니다. 책을 읽으면서 표시해 둔 페이지를 다시 펴 보며 아픈 현실에서 살며시 벗어나 책의 품속으로 들어가지요. 그곳에서 울기도 하고, 웃기도 하고, 혹시나 내가 잊고 있었던 것들을 찾아내기도 합니다. 한참을 그렇게 그곳에 머무르다

북 코너 - 스토리텔링

가 다시 현실로 돌아옵니다. 그럴 때마다 저의 영혼과 생각, 그리고 마음, 때로는 몸까지 희망, 소명, 열망, 갈망으로 다시 채워지곤 합니다. 바로 이것이 제가 살아가는 방식입니다."

P는 스토리텔링 책들 중에 한 권을 펴들었다. 책갈피가 보였다.

네 잎 클로버와 감성의 멘트

P는 책장의 미로를 지나 다른 공간으로 이동했다. 미란은 그의 뒤를 따라가며 구석구석을 다시 살펴보았다. 그리고 보니 첫날 인터뷰 때는 느끼지 못했었는데, 각 공간마다 열린 창문으로부터 바람과 함께 새소리가 들린다. 뒤쪽에 위치한 나지막한 산으로부터 불어오는 바람과 새소리였다. 미란은 이런 곳에서 생각과 영혼을 새롭게 하는 그의 삶이 더없이 부럽다는 생각이 들었다.

"여기는 좀 더 문학에 가까운 책들을 모아 두었어요. 좀 더 깊고, 생각을 정화할 수 있는 공간이죠. 어른들이 읽을 만한 동화, 혹은 어른들을 위한 동화를 모아 놓은 곳입니다."

"정말 그러네요. 『연어』, 『꽃들에게 희망을』, 『마당을 나온 암탉』……. 와! 제가 정말 좋아하는 책들도 여기 다 모여 있군요. 폴샘, 가장 소중히 여기는 책이 있다면 한 권 추천해 주시겠어요?"

"삶이 무거울 때, 눈물조차 말라버리는 때가 있습니다. 더욱이 저는 지성과 논리를 추구하지만, 사실은 너무나 감성에 예민한 사람입니다. 어쩌면 그런 내면을 감추려고 더욱더 논리적인 사고를 추구하는 것일지도 모릅니다. 『곰보빵』이란 책은 그럴 때 힘을 줍니다. 이철환 작가의 책은 제가 보물처럼 아끼는 책이죠. 저는 책날개에 있는 그분의 사진만 보아도 마음에 위로가 됩니다. 참 놀랍죠. 사람의 얼굴 자체가 다른 사람에게 울림을 줄 수 있다는 게 말이죠."

"얼굴 자체로 울림을 준다는 건……."

"뭐랄까. 여전히 배고프고, 가난하고, 따뜻하고 순결한 느낌입니다. 끊임없이 가식과 싸우려 하고, 아픈 이들을 돌아보아야 한다는 부담을 간직한……. 그런 진심이 고스란히 느껴지는 얼굴입니다."

"『곰보빵』은 어떤 면에서 그렇게 소중한가요? 혹 내용 중에 어떤 의미 있는 부분이라도 있나요?"

북 코너 - 어른들을 위한 동화

P는 책장에 꽂힌 『곰보빵』 책을 꺼내 자신이 가장 좋아한다는 페이지를 펼쳐서 미란에게 보여주었다. 그 페이지의 내용은 이철환 작가의 회상으로 시작된다.

10년 전 나의 결혼식이 있던 날이었다. 결혼식이 다 끝나도록 친구 형주의 얼굴은 보이지 않았다. 이럴 리가 없는데 정말 이럴 리가 없는데……. 예식장 로비에 서서 오가는 사람들 사이로 형주를 찾았다. 형주는 끝끝내 보이지 않았다.

바로 그때 형주 아내가 토막 숨을 몰아쉬며 예식장 계단을 급히 올라왔다. "고속도로가 너무 막혀서 여덟 시간이 넘게 걸렸어요. 어쩌나, 예식이 다 끝나 버렸네……." 숨을 몰아쉬는 친구 아내의 이마에는 송골송골 땀방울이 맺혀 있었다. 석민이 아빠는 오늘 못 왔어요. 죄송해요……. 석민이 아빠가 이 편지 전해 드리라고 했어요." 친구 아내는 말도 맺기 전에 눈물부터 글썽였다. 엄마의 낡은 외투를 덮고 등 뒤의 아가는 곤히 잠들어 있었다. 친구가 보내온 편지를 읽었다.

"철환아, 형주다. 나 대신 아내가 간다. 가난한 내 아내의 눈동자에 내 모습도 함께 담아 보낸다. 하루를 벌어 하루를 먹고 사는 리어카 사과장사이기에 이 좋은 날, 너와 함께할 수 없음을 용서해다오. 사과를 팔지 않으면 석민이가 오늘 밤 굶어야 한다. 어제는 아침부터 밤 12시까지 사과를 팔았다. 온 종일 추위와 싸운 돈이 만 삼천 원이다. 하지만 힘들다는 생각은 하지 않는다. 아지랑이 몽기 몽기 피어오르던 날 흙속을 뚫

112

고 나오는 푸른 새싹을 바라보며, 너와 함께 희망을 노래했던 시절이 내 겐 있었으니까. 나 지금, 눈물을 글썽이며 이 글을 쓰고 있지만 마음만은 기쁘다. '철환이 장가간다……. 철환이 장가간다……. 너무 기쁘다.' 아 내 손에 사과 한 봉지 들려 보낸다. 지난밤 노란 백열등 아래서 제일로 예쁜 놈들만 골라냈다. 신혼여행 가서 먹어라. 친구여, 오늘은 너의 날 이다. 이 좋은 날, 너와 함께할 수 없음을 마음 아파해다오. 나는 언제나 너와 함께 있다."

해남에서 형주가 -

편지와 함께 들어있던 만 원짜리 한 장과 천 원짜리 세 장, 뇌성마비로 몸이 많이 불편한 형주가 거리에 서서 한 겨울 추위와 바꾼 돈이다. 나 는 웃으며 사과 한 개를 꺼냈다. "형주 이놈 왜 사과를 보냈대요. 장사 는 뭐로 하려고……." 씻지도 않은 사과를 나는 우적우적 씹어댔다. 왜 자꾸만 눈물이 나오는 것일까. 새신랑이 눈물 흘리면 안 되는데……. 다 떨어진 구두를 신고 있는 친구 아내가 마음 아파할 텐데……. 멀리서도 나를 보고 있을 친구 형주가 마음 아파할까 봐 엄마 등 뒤에 잠든 아가 가 마음 아파할까 봐 나는 이를 사려 물었다. 하지만 참아도 참아도 터 져 나오는 울음이었다. 참으면 참을수록 더 큰 소리로 터져 나오는 울음 이었다. 사람들 오가는 예식장 로비 한 가운데 서서…….

세월이 흘러, 형주는 지금 조그만 지방 읍내에서 서점을 하고 있다. '들 꽃서점' 열 평도 안 되는 조그만 서점이지만. 가난한 집 아이들이 편히

113

앉아 책을 읽을 수 있는 나무 의자가 여덟 개다. 그 조그만 서점에서 내 책『행복한 고물상』저자 사인회를 하잔다. 버스를 타고 남으로 남으로 여덟 시간을 달렸다.

교보문고나 영풍문고에서 수백 명의 독자들에게 사인을 해줄 때와는 다른 행복이었다. 정오부터 밤 9시까지 사인회는 9시간이나 계속됐다. 사인을 받은 사람은 일곱 명이었다. 행복한 시간이었다고 친구에게 말해주고 싶었다. 하지만 나는 마음으로만 이야기했다.

"형주야! 나도 너처럼 감나무가 되고 싶었어. 살며시 웃으며 담장 너머로 손을 내미는 사랑 많은 감나무가 되고 싶었어……."

출처-『곰보빵』중 '축의금 만 삼천 원'

미란은 P의 마음을 조금은 이해할 수 있었다. 누가 읽어도 울림이 있는 내용이었다. P는 각 책들의 내용을 소개해 주며, 어떤 감성에 어떤 책을 매칭하며 스스로 극복해 나가는지도 소개해 주었다. 미란은 설명을 하나씩 메모하였다.

갤러리로 이동한 미란은 화이트보드에 P가 말한 감성과 도서 매칭을 정리해 보았다. 커다란 돌덩이가 삶을 누르는 것 같은 무거움 앞에서 P는 『곰보빵』이라는 책을 읽는다. 관성을 거부하고 끊임없이 의문과 문제를 제기하는 삶에 지칠 때는 『레밍딜레마』를 읽는다. 끝이 없는 싸움에 지치고 코너로 내몰릴 때는 『꽃들에게 희망을』을 읽는다. 그리고 나비로 변할 자신의 미래를 상상하며 힘을 낸다. 뭔가 일이 풀리지 않고 많은 관계 속에서 고립감을 느낄 때는 『담』이라는 책을 펴들어, 자기 스스로가 혹시 담을 쌓고 있는지 차분하게 살피고 성찰한다.

회복의 감성을 위한 P만의 도서 체계

구분	세부감성	책 예시	성찰의 포인트
무거움	눈물조차 나지 않는 버거움	곰보빵	삶의 이유와 감사를 되찾음
거절감	받아들여지지 않는 서글픔	레밍 딜레마	익숙함과의 결별, 문제 제기
막막함	끝이 없는 싸움에 지침	꽃들에게 희망을	나비의 날개를 펼칠 미래
고립감	나를 이해하여 주는 이 없음	담	스스로 담을 쌓고 있는지
그리움	혼자 가고 있는 듯한 고달픔	홍크	나를 위해 울어주는 사람들
절망감	반복되는 성공과 실패 굴곡	피크 앤드 벨리	삶의 기복에서 에너지 발견
초조함	마감과 성과에 대한 초조함	마지막 강의	삶의 우선순위를 고민
실패감	반복되는 실패 연속과 절망	독서불패	책은 가장 정직한 성공열쇠
열등감	뛰어난 사람과 자신을 비교	바보 빅터	나 자신을 바라보는 긍정
정체됨	성장하지 않고 멈춰선 느낌	무엇이 당신을 만드..	스스로에게 다시 질문
단절감	관계에서 의미를 찾지 못함	천국에서 만난 다섯..	관계를 다시 세우는 초점
메마름	감정이 메말라 건조한 삶	블루데이 북	작고 섬세한 표정 되찾음

'길이'가 만든 '높이'와 '깊이'

"서재의 역사에 대한 인터뷰를 계속해 볼까요. 이렇게 많은 책을 읽으면서 분류체계를 만들고 나름의 통찰로 자신만의 북 코너들을 만들었는데, 아마 처음부터 그렇게 통찰이 일어나지는 않았을 것 같아요. 마치 수영을 배울 때처럼 말이에요. 어느 정도 수영을 해야 자신도 모

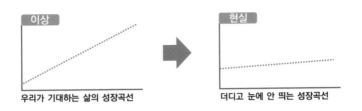

이상적인 성장곡선과 현실의 성장곡선

이상

우리가 기대하는 삶의 성장곡선

현실

더디고 눈에 안 띄는 성장곡선

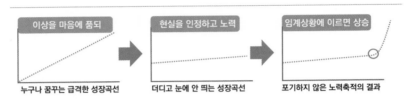

현실의 성장곡선이 임계상황에 이른 결과

이상을 마음에 품되

누구나 꿈꾸는 급격한 성장곡선

현실을 인정하고 노력

더디고 눈에 안 띄는 성장곡선

임계상황에 이르면 상승

포기하지 않은 노력축적의 결과

르게 물 위에 뜨게 되는 건가요? 한계를 넘어선 순간을 언제쯤 확인
하셨는지 궁금해요.”

P는 미란의 질문을 정확하게 이해하고 화이트보드에 2개의 그림을
그렸다. 성장곡선이다. 우리가 꿈꾸는 이상적인 성장곡선은 눈에 띄는
것이지만, 현실에서의 성장은 매우 완만한 곡선을 그리게 된다.

“성장곡선처럼 독서습관이 처음부터 통찰에 이르기에는 무리가 많
습니다. 이론적으로는 가능하지만 실제 삶에서 그러한 수준에 이르는
것은 매우 어려운 일입니다. 중요한 것은 충분한 통찰이 일어나지 않
더라도 지속적으로 그 작업을 해야 한다는 것입니다.

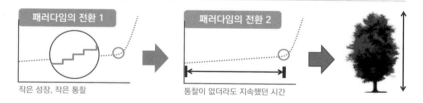

완만한 성장의 과정과 결과의 패러다임

패러다임의 전환 1 / 작은 성장, 작은 통찰

패러다임의 전환 2 / 통찰이 없더라도 지속했던 시간

독서를 꾸준히 지속할 수 없는 수천 가지 이유가 우리를 둘러싸고 있습니다. 그럼에도 일정 기간 독서를 계속 해야 합니다. 그러다가 어느 정도 시기가 되면, 수평적으로 행하던 모든 독서의 시간이 높이로 바뀝니다.”

“폴샘, 아주 인상적이에요. 그러니까 쉽게 말하면 꾸준히 책을 읽어야 한다는 것이군요. 책을 읽다가 보면 임계상황에 이르게 되고, 읽었던 기간, 읽었던 분량, 들인 시간, 노력의 크기 등이 때가 되면 모두 통찰로 변한다는 거죠?”

“다른 말로 표현하면, ‘길이’가 곧 ‘높이’가 되는 겁니다. 그 임계상황의 포인트에 대해서 많은 사람이 여러 이야기를 하죠. 1만 시간의 법칙, 1만 독서의 법칙 등등. 그러나 그렇게까지 수량화하기는 어렵다고 생각해요. 개인의 차가 매우 크거든요. 오히려 이런 그래프를 기억하는 게 더 나을 것 같습니다.”

“폴샘, 이렇게 완만한 성장곡선을 받아들이고 긴 시간을 인내하며 책을 읽고 베이직라이프를 만들어가는 것은 마치 산속에서 수행하는 느낌일 것 같아요. 이러한 과정은 정말 힘든 여정이겠지요?”

"미란 선생은 이미 그런 과정을 다 거쳤는데 마치 그런 시기를 앞에 두고 있는 사람처럼 얘기하시네요."

"인터뷰에 충실하려고요. 가장 좋은 인터뷰는 가장 듣고 싶은 이야기를 가장 쉽게 꺼낼 수 있도록 유도하는 것이죠!"

"완만한 곡선은 길고 지루할 것이라는 생각은 오해입니다. 하기 나름이에요."

완만한 성장을 자세히 확대해 보면, 나름의 작은 성취, 작은 깨달음, 작은 성장이 있다. 소소한 즐거움도 분명히 존재한다. 지루하다고 하는 말은 대부분 용기 내어 시도하지 않았거나, 실천하지 않고 두려워하는 사람들의 선입견이다. 막상 독서를 시작하면, 거대한 통찰에 이르기까지 무조건 지루함만 존재하는 것은 아니라는 것이다.

완만한 직선인 성장곡선을 확대하면 계단모양의 작은 성장곡선이 보인다. 이것은 완만한 성장곡선이 가지는 과정의 묘미이다. 그 다음은 완만한 성장곡선의 '길이'가 결과적으로는 '높이'가 된다는 것이다. 그리고 그림에는 표현되지 않았지만, 대부분의 경우 높이가 올라간 만큼 뿌리도 깊어진다. 그래서 길이는 높이와 깊이를 만든다는 것을 기억해야 한다.

연속적인 하루가 만든 결과

P는 자신의 태블릿을 들고 와서 사진을 보여주었다. 소림사의 훈련

장면이 담긴 사진들이다. 중력을 거스르며 벽을 뛰어가는 모습, 높은 나무와 담장을 넘는 모습, 특이한 동작으로 서 있는 모습 등 보통 사람이 할 수 없는 모습을 담고 있다.

"이것이 현재의 모습입니다. 그들은 이 높은 나무를 넘기 위해 얼마나 오랫동안 훈련을 했을까요? 그리고 어떤 방법으로 훈련을 했을까요?"

P는 영상을 하나 더 보여주었다. 70년대에 나온 소림사의 훈련과정을 다룬 영상이었다. 영상은 어린아이가 숙소 앞에 나무를 심는 것부터 시작된다. 그리고 매일 아침 일어나자마자 그 나무를 한 번 뛰어넘

소림사의 점프훈련 흐름

묘목 찾은 장면

묘목 뛰어넘는 장면

인사하는 장면

10년 뒤 모습

는다. 중요한 것은 단 하루도 빠지지 않고 그 나무를 매일 넘어야 한다는 규칙이다. 소년은 성장하고 나무도 성장한다. 소년의 키가 자라는 것을 매일 관찰하는 것은 어렵다. 마찬가지로 나무가 자라는 것을, 매일 그 차이를 확인하기도 어렵다. 소년은 그저 매일 나무를 뛰어넘는다. 나무는 너무 작아 뛰어넘는 데 아무 문제가 없다.

'내가 오늘 뛰어넘는 것은 어제 넘던 그 나무와 똑같다. 내가 오늘 뛰어 넘는 데는 아무 문제가 없다.'

사실이다. 어제 넘던 작은 나무를 오늘 못 넘을 이유가 없다. 나무가

반복적인 강화가 만들어낸 긍정과 부정의 결과

	소림사에 입문한 5세 소년에게 스승은 한 가지 미션을 준다. 작은 묘목을 방 앞에 심고, 매일 단 한 번씩만 점프를 하는 것이다. 너무나 쉬운 일이었다. 그런데 단 하루도 거르지 않아야 한다는 약속을 받는다. 실제로 소년은 매일 나무를 넘고 같은 일을 10년 동안 진행한다. 10년 뒤, 소년은 2미터가 넘게 자란 소나무를 훌쩍 뛰어넘는다.
	장 지오노 작가의 '나무를 심은 사람'에는 엘제아르 부피에가 등장한다. 그는 30여 년 동안 매일 100개의 도토리를 심는다. 사막이 되어버린 마을에는 아무도 살고 있지 않았으나 부피에는 개의치 않고 매일 같은 일을 반복한다. 30년이 지난 다음 그 지역은 울창한 숲으로 변한다. 마을이 생기고 물도 흐르게 되었다. 지역과 기후를 통째로 바꾸어 버린 것이다.
	병속에 갇힌 벼룩은 처음에는 반복해서 점프를 하며 병 밖으로 나오려 한다. 하지만 그때마다 계속 뚜껑에 부딪힌다. 결국 벼룩은 뚜껑에 부딪히지 않을 정도로만 점프를 하기 시작한다. 그런데 벼룩은 뚜껑을 열어준 이후에도 계속 그 이상을 점프하지 못한다. 실패의 습관 역시 반복되면 부정적인 영향력을 발휘하게 된다는 것이다.

한 꼬마는 서커스를 구경하는 동안 커다란 코끼리의 발목에 얇은 줄이 묶여 있는 것을 보았다. 코끼리의 힘으로 충분히 끊어버릴 수 있는 밧줄임에도 코끼리는 순순히 밧줄에 묶여 있었기에 꼬마는 궁금하였다. 알고 보니 코끼리는 아주 어렸을 때부터 그 줄에 묶여 있었다. 코끼리는 밧줄을 끊으려 어릴 때 반복적으로 시도했지만 끊지 못했던 기억이 이제는 코끼리가 밧줄을 끊으려는 시도조차 하지 못하게 만들었다.

자라는 모습이 매일 매일 눈에 띄지는 않는다. 이렇게 소년은 10년을 뛰어넘었다. 엄격한 소림사의 규율을 따라야 하기에 단 하루도 쉬지 않았다.

영상은 10년 뒤, 성장한 소년이 매우 높은 곳을 뛰어넘는 장면을 보여준다. 10년 뒤에 소년은 2미터의 나무를 넘는다. 그에게 있어 그 나무는 어제 넘던 그 나무일 뿐이다. 영상은 이러한 과정을 보여준다. P는 이해를 돕기 위해 태블릿에 있는 비슷한 주제의 다른 영상 세 편을 더 보여주었다. 반복적인 삶이 가져온 긍정적인 결과와 부정적인 결과를 모두 보여주는 영상이었다.

P는 현재의 베이스캠프가 오랜 시간의 작은 하루가 모여서 이루어진 가장 단순한 반복의 결과임을, 그리고 성실한 하루가 만들어낸 역사임을 조용히 그리고 확신을 가지고 설명하고 있었다. 미란은 충분히 짐작이 되었다. 그런데 이해가 안 되는 부분도 있었다.

"폴샘, 여기 있는 책들이 족히 1만 5천 권 이상인데요. 논문과 수많은 교구들, 소책자들을 합치면 더 많겠지만 저로서는 도저히 이해가

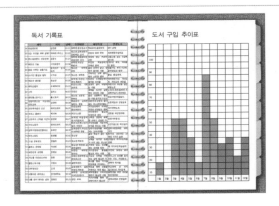

잘 안 돼요. 오랜 시간 책을 읽고 그런 반복의 과정들이 뿌리 같은 깊이가 되었다는 것, 바로 그때 통찰이 일어난다는 것은 이해가 돼요.

그런데 폴샘이 책을 이렇게 읽기 시작한 게 20세부터라면 현재는 41세잖아요. 그렇다면 20년 정도인데 하루에 한 권을 읽어도 일 년에 많게 잡아 400권, 10년에 4000권, 20년에 8000권 계산이 나와요. 하지만 지금 이 서재에 있는 책은 거의 두 배 분량의 책인데 어떻게 읽으셨나요. 하루에 두 권씩 읽으셨나요?"

"하하! 처음에는 그렇게 읽었죠. 하루에 한 권 목표를 지키려고 애를 썼어요. 그런데 어느 정도 연수가 차면서 통찰이 일어나거나 직업적으로 지식전달자의 삶을 살게 되면 다른 차원이 형성됩니다. 저의 독서 바인더에 있는 표 하나를 보여드릴게요. 어느 해의 독서구입비 추이를 정리한 것입니다. 각 칸은 10만 원 단위입니다."

미란의 눈이 커졌다. 30만 원, 50만 원, 어떤 달은 100만 원을 넘어섰다. 책 구입비가 이렇게 많이 들어간 것이다. 그러고 보니 이전에 P가 자기주도학습과 공부법 강의를 위해 100권의 책을 읽었다고 보여준 아이패드의 아이북스가 떠올랐다. 기계적으로 하루 한 권이 아니라 연구하는 주제에 따라, 그리고 지식전달의 필요와 특성에 따라 관련된 분야의 책을 거의 읽었다는 것이다. P는 좀 더 명확하게 근거를 보여주기 위해, 어느 해 '인문학 연구' 프로젝트를 위해 한 번에 구입한 책 목록을 인터넷 사이트의 구입결제내역으로 보여주었다.

미란의 궁금증이 하나씩 풀리기 시작했다. 그러면서 미란은 생각해 보았다. 모든 지식세대 즉 대학생과 성인, 그리고 교육전문가, 교사, 교수, 강사, 멘토, 코치 등 세상의 모든 지식세대가 다 이러한 삶을 추구할 수는 없다는 것이다.

행복을 찾아서

"폴샘, 행복해 보여요. 이런 모든 지식축적의 과정을 설명하실 때 폴샘의 표정에 행복이 보여요."

"그랬군요. 맞아요. 베이스캠프가 저에게는 행복입니다."

"기업에서 함께 회의를 할 때는 전혀 행복해 보이지 않았어요. 지금 표정과는 너무 달랐어요."

"미란 선생도 눈치를 채셨군요."

"그런데 모든 지식세대들이 모두 이런 과정과 이 정도의 수준을 유지하기는 어렵다는 생각이 들어요."

"미란 선생이 정확하게 보셨어요. 모두가 이 과정과 수준을 따라 하기는 당연히 어렵죠. 그럴 필요도 없고요. 다만 저는 저의 행복을 조심스럽게 공유하고 싶고, 적어도 지식세대들에게 가장 아름다운 행복에 대해 자극과 도전을 주고 싶은 겁니다. 제 삶을 전해 듣고 단 한 명이라도 당장 자신의 작은 집 한켠에 작은 책장을 들여놓기 시작한다면 저는 그것으로 족합니다."

"이러한 거대한 서재를 꿈꾸는 사람들은 이 과정이 나름 자신의 성향에 맞아야 하고, 그리고 행복의 기준이 되어야 할 거라는 생각이 들어요."

미란의 머릿속에 P와 함께 했던 강의 장면이 스쳐 지나갔다.

자신이 정말 좋아하고 잘하는 것을 알아야 자신의 꿈을 제대로 찾을 수 있다는 청소년 강의였다. 자신이 정말 좋아하는 것을 적어보라는 P의 미션에 학생들은 의외로 내용을 기록하지 못하고 힘들어하였다. P는 그 순간 노트북 화면을 열어서 P 자신이 정말 좋아하는 것과 잘하는 것을 숨도 안 쉬고 화면에 타이핑하기 시작하였다.

"생각하며 거실 걸어 다니기, 배송받은 새 책 꺼내서 냄새 맡기, 커피숍에서 딸 사진 보며 미소 짓기, 집에 들어서자마자 세 아이 한 번에 안아서 들어올리기, KTX 타고 가며 글쓰기, 밤늦게 집에 들어가면서 치킨

주문해서 먹기, 천 명 이상의 사람 앞에서 강의하는 중에 마치 한 명과 대화하는 것처럼 편안해지는 그 잠깐의 순간, 연속적으로 3시간 이상의 조용한 시간이 확보될 때, 새벽부터 일어나 치열하게 하루를 준비하고 해 뜰 무렵 라면 먹을 때, 그 라면 먹은 뒤에 카페모카 휘핑크림 가득 얹어 먹을 때, 무심코 읽은 책에서 너무나 소중한 내용을 만났을 때, 비 오는 새벽에 차 안에서 차 지붕에 부딪히는 빗방울 소리를 들을 때, 눈을 떴을 때 문득 내가 살아있다는 느낌에 감사하기…….

[P가 좋아하는 것들]

미란은 그 자리에서 자신이 좋아하는 것을 적어내려 가는 P를 보면서 그라는 사람을 좀 더 이해할 수 있었다. 그리고 그 모든 내용이 새벽부터 잠자리에 들 때까지 하루의 일과임을 엿볼 수 있었다. 학생들을 위해 약간 재미있게 표현한 부분도 있었지만, 그 속에 담겨진 그의 진심은 충분했다. 그리고 바로 지금 이곳 베이스캠프 서재에서 그가 정말 좋아하는 삶의 진수를 확인하고 있는 것이다. P는 자신이 좋아하는 것을 적은 뒤에 자신이 잘하는 것도 적어 내려갔다.

"날 잡아 책상 정리하기, 영화보고 명대사 기억하기, 한 번 만났던 사람 기억하기, 사람의 외모에 작은 변화 알아차리기, 사람의 강점 찾기, 고민을 듣고 가슴 깊이 공감하기, 고민되는 상황 듣고 문제의 핵심 찾아내기, 어떤 장소에서도 유머와 소통의 코드 빨리 찾아내기, 휴일에 영화 몰아서 5편 보며 내용 헷갈리지 않기, 커피숍에 혼자 앉아서 매우 멋있

는 척하기, 눈빛과 목소리로 사람에게 진심 전달하기, 매우 진지한 느낌
으로 사람 웃기기, 한 가지 목표를 정해서 그 목표를 향해 달려가기, 한
번만 먹어보고 음식 품평하기, 정말 사고 싶은 기기가 나오면 끝까지 노
리다가 결국은 구입하기, 닭꼬치 그 자리에서 10개 먹기, 머릿속으로 엽
문처럼 무술하는 상상하기, 예배시간에 졸지 않고 버티기, 책 한 권을
간단하게 살피고 마치 다 읽은 것처럼 다른 사람에게 소개하기, 앞에 있
는 사람 모습만 보고도 그 마음의 슬픔 공감하기…….

[P가 잘하는 것들]

P가 잘하는 것들과 좋아하는 것들의 나열은 학생들에게 큰 자극을
주었다. 자신을 잘 안다는 것, 자신이 좋아하는 것을 한다는 것, 자신이
잘할 수 있는 일에 전 생애를 바친다는 것이 이런 것이구나 하는 생각
을 심어주기에 충분하였다. 학생들은 P의 퍼포먼스 이후에 자신이 좋
아하는 것과 잘하는 것을 빠르게 적기 시작하였고, P는 일부 학생들의
결과물을 찍어 슬라이드 화면에 띄웠다.

정말 자신이 무엇을 좋아하는지 안다는 것은 평생의 자산이다. 자신
만의 서재를 만든다는 것은 정말 좋아하는 일이어야 한다. 꼭 필요한
것이지만 좋아해야 한다는 것이다. 그리고 가능하면 좋아하도록 노력
해야 한다. P는 서재를 가꾸고 관리하는 데에도 마음을 쏟는다. 더 좋
아하는 곳으로 만들기 위해서이다. 그래서 최근 그는 자신의 서재에
몇 가지 변화를 준비하고 있다. 다양한 운동기구와 물소리 나는 가습
기, 무술도구 등을 두는 것이다.

P가 사고 싶어 하는 것 세 가지를 사진으로 보여주자, 미란은 참았던 웃음을 터뜨렸다. 그가 운동하는 모습이 너무 어색했기 때문이었다. 더군다나 '엽문'이라는 영화에서 주인공인 이소룡의 스승이 무술을 연마하던 그 나무모양의 기구를 두드리고 있을 P의 모습을 상상하니 웃지 않을 수가 없었다.

"지금 무슨 상상하는지 알아요."

서재를 가꾸고 관리하는 세팅

운동기구

물소리 가습기

목인장

"폴샘, 본인도 웃기시죠. 상상하면 할수록 웃기는데요. 하하하!"

"와우!"

아직 들어가 보지 않았던 방에 들어서는 순간 미란은 감탄이 쏟아졌다. 베이스캠프에서 가장 멋진 공간은 바로 '뮤지엄'이었다.

디스플레이, 모든 것의 역사

한쪽 벽은 많은 기기들로 칸칸이 채워져 있었다. 쓰기 위해 놓은 것인지, 전시되어 있는 것인지 알 수는 없지만 정말 다양한 기기들이 가득했다. 또 한쪽 벽의 책장에는 다양한 형태의 책들이 전시되어 있었다. 책장 가득 채운 구조가 아니라, 전시되어 있다고 보는 게 맞을 것이다. 그리고 각 칸마다 하단에 입체 글자로 주제 혹은 숫자가 붙어 있다. 일일이 입체 글자를 붙여서 정성을 담은 흔적이 느껴진다. 그 숫자들은 연도를 표시한 것처럼 보인다.

"제가 가장 오래 머무르는 곳입니다. 바로 이곳이 집필을 하는 곳이기도 해요. 과거와 현재 그리고 미래가 만나는 곳이죠. 지식 창조는 모두 이곳에서 일어납니다."

의자 뒤 열린 창으로 산이 보이고, 새소리가 들리는 공간이다. 베이스캠프의 다른 공간과는 확연하게 다른 느낌이 든다. 여기는 책이 배치되어 있지 않다. 독서를 위한 책은 거의 없다. 가장 먼저 눈에 들어오는 것은 예쁜 색깔의 컬러 바인더들이었다. 그 옆에는 케이블과 장비들이 전시되어 있다. 그리고 바로 옆면의 벽은 모두 주제와 연도별로 P가 연구하고 생산했던 지식의 결과들이 정리되어 있다. 의자에 앉아서 정면을 보면 3개의 노트북과 2개의 모니터, 그리고 대형 브라운관이 보인다. 구석에는 가장 성능이 좋은 디지털 복사기가 자리 잡고 있다. 앉은 자리에서 오른쪽으로 머리를 돌리면 갤러리에 있는 것과는 다른 느낌의 화이트보드가 보인다. 역시 그 화이트보드에는 사고의 흔적이 가득하였다.

"정말 뮤지엄 같아요."

"뮤지엄이 맞습니다. 이곳은 저의 대학생활부터의 20년이 모두 정리되어 있거든요."

"설마 이 공간의 디스플레이가 20세 때부터 시작된 것은 아니겠죠?"

"물론 아닙니다. 디스플레이가 시작된 것은 7년 전부터입니다. 그 전까지는 그저 모든 과정을 소중히 남겼을 뿐이고, 남겨진 흔적들을 소중하게 축적해 놓았습니다."

"내용이 축적되는 과정이 먼저 있었고, 이 공간에 디스플레이 된 것은 그 이후군요."

"순서적으로는 그렇습니다. 자신이 추구한 지식을 소중히 여기는 태도, 그 과정을 기록하는 습관, 그리고 조각조각 남겨진 흔적들을 잘 보관하고 관리하는 시간의 축적이 먼저 전제되어야 가능한 결과입니다."

미란은 먼저 바인더 디스플레이 앞에 멈춰 섰다. 종류도 다양하다.

연구의 역사

지식축적의 역사

미디어 세팅

화이트보드

종이 버전, 가죽 버전, 플라스틱 버전도 있다. P는 바인더 디스플레이의 구조에 대해 설명해 주었다. 바인더는 지식축적의 역사이다. 여기에는 그의 모든 지식 역사가 담겨 있다. 연구하는 과정, 연구의 결과, 독서 이후의 기록물, 일상의 기록과 일기 등도 있었으며, 심지어 그의 오랜 시간관리 플래너도 모두 축적되어 있다.

"이 책장은 어떤 역사를 담고 있나요?"

"여기 있는 바인더는 지식축적 바인더입니다. 과거와 현재, 미래의

130

모든 역사가 담겨 있어요."

"각 칸마다 약간의 차이점이 있는 것처럼 보여요. 표지가 종이인 것, 가죽인 것, 그리고 좀 다른 모양의 바인더도 있네요. 각기 의미가 구분되어 있나요?"

"종이 바인더는 주제별 지식의 역사입니다."

종이 바인더에는 어떤 지식 주제가 축적되어 있을까. 각 책장의 하단에는 주제가 명시되어 있다. 첫 번째 칸에는 'KNOWLEDGE'라고 멋진 입체 우드 글자가 새겨져 있다. 그리고 그 라인은 주제별 지식바인더가 라인업되어 있다.

바인더의 종류

종이 바인더-주제별 지식

컬러 가죽 바인더-집필

메인 바인더-인생사용설명서

지식바인더 Book 예시

Knowledge-Book

독서 이후 기록 예시

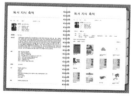
저자 정보와 책 정리

첫 번째 칸에는 좀 더 작고 예쁜 글자로 'BOOK'이라는 주제가 새겨져 있다. 미란은 살짝 P를 바라보며 미소를 지었다. P는 미란이 무슨 생각을 하는지 대번에 눈치를 채고 고개를 끄덕였다. 바인더를 열어 보아도 되는지 양해를 구하는 것이었다. 미란은 BOOK 칸에 꽂혀 있는 종이 커버의 지식바인더 하나를 꺼내서 펼쳐 보았다. 그 바인더에는 책을 읽고 그 책에 대한 정보를 빼곡하게 기록해 놓은 페이지들이 보인다. 미란은 인덱스를 하나하나를 넘겨가며 그 속에 있는 세부 주제를 훑어보았다.

"BOOK 코너에 있는 모든 종이 바인더는 이런 독서 관련 내용만 정리되어 있군요."

"읽은 책을 모두 다 그렇게 축적할 수는 없습니다. 저에게 의미 있었던 책과 저자에 대해 흔적을 남기는 것이죠."

지식 주제별 바인더는 모두 종이로 된 표지로 만들어져 있다. BOOK 주제 이외에 미란의 눈에는 더 많은 주제들이 들어왔다. MOVIE, PEOPLE 코너에 먼저 관심이 쏠렸다. 붉은색으로 된 영화 주

지식바인더 MOVIE 예시

KNOWLEDGE-MOVIE   영화 칼럼 바인더   저자 정보와 책 정리

제 바인더를 꺼내 한 페이지를 열어 보았다.

"영화를 본 후 그 느낌과 생각을 정리해 놓으셨네요."

"영화는 제 인생을 가장 열정적으로 만드는 요소이죠. 잊지 못할 감격과 울림이 있을 때는 이렇게 간단하게라도 정리를 해 축적합니다."

"이것만으로도 책 한 권은 쓰겠는걸요."

"하하! 저도 그렇게 생각합니다. 하지만 욕심 부리지는 않아요. 일단 영화 한 편에 대한 울림을 기록하는 것이 제 인생에 충분히 흡수되고 자연스럽게 제 지식이 저와 타인의 삶을 바꾸기를 소망하는 것이죠."

하지만 저는 한 가지 생각을 포기할 수 없습니다. 그 모든 개인의 선택을 존중하지만, 그럼에도 이 시대의 지식세대에게는 '서재'라는 공간이 필요하다고 생각합니다.

서재는
본질과 변화를 잇는
다리

"그러고 보면 폴샘은 역사성을 매우 중요하게 여기시는 것 같아요. 서재에 있는 모든 책 역시 하나도 버리지 않고 모으신 것 같고, 오랜 세월 메모했던 것과 연구결과를 다 보존하고 있잖아요. 쉬운 일은 아닐 것 같아요. 역사성을 이토록 유지하는 특별한 이유라도 있나요?"

"간단합니다. 두려움 때문이에요."

"네! 두려움이요! 뭐가 두려우세요?"

"저는 '변화'가 두렵습니다."

"하하! 농담하시는 거죠. 변화를 가장 즐기시는 분이, 변화를 두려워한다는 게 이상해요."

"미란 선생이 생각하는 변화는 기술과 트렌드의 변화입니다. 그런 변화는 제가 열심히 달리는 만큼 따라갈 수 있을 것 같아요. 그런데 문제는 지금의 변화가 과거에 느꼈던 변화보다 훨씬 속도가 빠르고, 사이즈가 크며, 예측이 어렵다는 겁니다. 겨우 어렵사리 패턴을 찾아내면 금세 변형을 이루어 새로운 패턴을 만들어냅니다. 그래서 두려운 거예요. 여기에 또 한 가지 더 큰 두려움이 존재합니다."

"더 큰 두려움이라면……?"

"세상의 변화보다 더 두려운 것은 제 자신이 변하는 것이에요. 처음 마음, 처음 목적, 처음 사랑을 잃어버리는 것입니다."

"이제 조금 이해가 되는 것 같아요. 역사를 추구하는 과정에서 자신의 처음 모습과 처음 순수함과 그간의 과정을 이곳에 빠짐없이 시각화할 수 있는 거군요."

"맞습니다. 그것뿐 아니라, 그 모든 역사 속에서 저는 끊임없이 새로운 미래에 대한 통찰을 얻을 수 있습니다."

"그런데 폴샘, 변화에 대비하려면 현재와 미래에 더 관심을 가져야 하는 것 아닌가요?"

"변화, 그 자체를 붙잡으려면 끊임없이 불안할 수밖에 없습니다. 변화가 클수록 '본질'에 집중하는 것이 가장 탁월한 대응법입니다."

"그렇다면 변하는 것보다는 변하지 않는 것이 더 중요하다고 생각하는 거죠?"

"거기에는 약간의 오해가 있습니다. 변화도 중요하고 본질도 중요합니다. 다만 흔들림 없는 무게중심은 변하지 않는 본질에 두고, 바라보는 시선은 움직이는 변화를 보아야 한다는 취지입니다.

"그렇다면 본질에 무게 중심을 두는 방법은 무엇인지요?"

독서의 목적 = 저자의 목적 + 독자의 목적

"본질을 추구하는 독서를 해야 합니다."

"본질을 추구하는 독서?"

"책 자체가 '본질추구'라고 주제를 정해 놓지는 않습니다."

"당연하죠. 서점에 갔을 때 책 코너 제목에 '본질 코너'라고 적혀 있지도 않잖아요."

"하하! 미란 선생의 표현이 참 재미있군요. 본질 코너! 괜찮은데요. 서점에서 책 코너 이름을 그렇게 쓰는 거 창의적인데요."

"폴샘, '본질을 추구하는 도서'와 '본질을 추구하는 독서'는 다른 것이죠?"

"도서는 책이라는 도구이고, 독서는 읽는 행위입니다. 다시 말해, 본질을 추구하는 '도서'는 책 자체의 분류코드를 말하는 것이고, 본질을 추구하는 '독서'는 책을 읽는 행위코드를 말하는 것입니다. 사실 두 가지 다 어느 정도 접근이 가능해요. 먼저 본질을 추구하는 도서가 있는지 확인을 해 보죠."

"책의 분류 차원으로 접근하는 건가요?"

"본질을 추구하는 도서를 찾을 때 '바로 이 책이다'라고 가리키는 것보다는 책의 분류코드를 이해하고, 어떻게 접근하는 게 좋은지 '기준'을 찾는 게 중요하다는 생각이 듭니다. 미란 선생은 어떤 방식으로 책을 분류하는지요?"

"일반적인 방식이에요. 온라인 서점에 접속하면 왼쪽에 분류코드가 있어요. 경제, 경영, 인물, 건강, 수험서 등……."

"그렇죠. 일반적인 방식입니다. 하지만 우리가 잊고 있는 것이 있어요. 책을 선정하려고 할 때 우리는 독서의 목적을 가지고 있습니다. 이것이 바로 독서의 분류로 들어가는 역발상이에요. 독서의 목적에 대한 인식이 없을 때, 우리는 특정한 현상에 노출되고 맙니다."

"특정한 현상이라면?"

P는 화이트보드에 6개의 말 주머니를 그려, 도서 선택의 주도력이 없는 사람이 책을 선택하는 일반적 기준에 대해 예를 들어주었다.

"폴샘, 딱 적절한 표현만 골라서 써주셨어요. 목적의식이 없는 사람

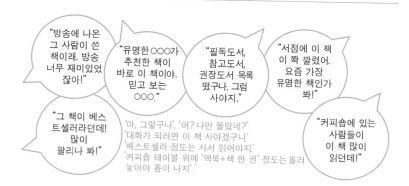

의 특징은 '귀가 얇다'는 것이죠. 가고자 하는 방향성이 없기 때문에 불안한 마음이 커지고, 불안한 마음이 커지면 여기저기에서 '이것이 답이다'라고 하는 소리에 귀가 열리게 되어 있죠. 그런데 폴샘, 여기서 독서의 목적은 책을 사는 목적을 말하는 것인가요?"

"책을 사는 목적은 읽기 위한 것입니다. 그보다는 어떤 필요 때문에 책을 사는지가 중요합니다. 즉 진정한 독서의 목적은 활용의 목적에 있습니다."

"시간 때우기가 목적인 사람을 제외하고는 나름 활용의 목적이 있겠군요. 그 활용의 목적이라는 것이 꼭 '실용적인 활용'을 말하는 것은 아니겠죠?"

"물론 아닙니다. 인문학 책을 사는 사람이 실용적인 목적을 추구하는 것은 아니거든요. 인문학 책을 구입하는 사람은 사고의 깊이, 삶의 방향, 인생의 문제에 대한 실마리 찾기 등, 보다 근본적인 활용 목적이 있을 것입니다."

변화의 크기와 속도를 매일 경험하는 사람은 보통 사람보다 더욱 본
질을 추구한다. 이것이 바로 변화를 담는 그릇이며 넉넉한 내공이기
때문이다. 바람이 거셀수록 '뿌리 깊은 나무'는 흔들림 없이 자리를 지
킬 수 있다.

변화 앞에서 본질을 추구하는 방법 중에 가장 중요한 것은 독서이
다. 본질을 추구하는 독서란, 본질을 추구하도록 하는 도서를 잘 선택
하는 것과 함께 본질을 추구하는 방법으로 독서하는 것이다. 먼저 도
서를 선택하는 것은 단순히 책을 사는 행위가 아니라 독서의 목적을
알고 그 목적에 따라 책을 선택하고 읽는 것을 말한다. 이러한 독서의
목적이 없는 사람은 늘 주위의 목소리를 듣고 책을 선택하는 '베스트
셀러 구매족'이 되는 것이다.

반면 독서의 목적, 즉 자신에게 필요한 것을 알고 그 필요에 따라 책
을 선택하는 사람은 '주도적인 책 구매자'가 되는 것이다. 독서의 목적
을 정확하게 알고 있다는 것은 엄밀히 말하면, 독자의 읽는 이유와 저
자의 집필의도가 서로 연결되는 과정을 말한다. 저자는 전달하고자 하
는 주제를 정하고, 장르와 분야를 결정하며 최적의 독자층에 맞게 글
을 쓴다. 대부분의 책은 처음 기획 단계부터 독자층을 결정하고 시작
된다. 한편, 독자는 책을 통해 얻고자 하는 목적을 가지고, 책의 분류체
계에 들어가서 책을 탐색하고, 선택하여 구입한 뒤, 읽는 행위를 한다.
이것이 바로 독서의 목적을 이루는 것이고, 본질을 추구하는 도서를

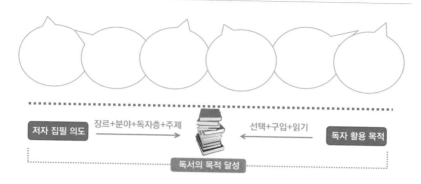

본질을 추구하는 도서를 찾는 첫 단추, 독서의 목적에 따른 책 선정

저자 집필 의도 → 장르+분야+독자층+주제 ← 선택+구입+읽기 ← 독자 활용 목적

독서의 목적 달성

찾는 첫 번째 단계이다.

글을 쓰는 사람의 목적을 안다는 것은 글로 된 텍스트를 읽으며 저자의 의도에 이르는 것을 말한다.

"폴샘, 이것이 정말 가능한가요?"

"글을 쓰는 사람의 목적을 알기 위해 글로 된 텍스트의 종류가 과연 얼마나 많으며 그것들이 각기 어떤 목적으로 쓰이는지 확인해 보도록 하죠."

다양한 글쓰기의 종류

시(동시), 소설(동화), 수필(경험담), 희곡(극), 시나리오(대본, 애니메이션, 드라마, 영화, 라디오, 다큐멘터리), 유머글(재담), 말놀이, 훈화, 소통글(감사글, 칭찬글, 사과 글, 축하글, 위로글. 조언글, 충고글), 일기, 편지, 감상, 기행, 설명, 안내, 소개, 발표, 전기, 사전, 보고, 기사, 면담, 역사, 논설, 요청, 제안, 광고, 연설, 선언, 사설, 칼럼, 투고문, 논평, 촌평, 서평

국어학자들은 공통적으로 네 가지 목적으로 글의 갈래의 기준을 잡는다. '정서표현, 친교, 정보전달, 설득'이다. P는 4개의 기준으로 표를 만들어, 글 갈래를 표에 하나씩 옮겨 해당되는 칸을 채웠다.

글쓰기의 갈래별 구분

정서표현	친교	정보전달	설득
시(동시), 소설(동화), 수필(경험담), 희곡(극), 시나리오(대본, 애니메이션, 드라마, 영화, 라디오, 다큐멘터리),	유머글(재담), 말놀이, 훈화, 소통글(감사글, 칭찬글, 사과글, 축하글, 위로글, 조언글, 충고글), 일기, 편지, 감상, 기행	설명, 안내, 소개, 발표, 전기, 사전, 보고, 기사, 면담, 역사	논설, 요청, 제안, 광고, 연설, 선언, 사설, 칼럼, 투고문, 논평, 촌평, 서평

"미란 선생과 함께 정리하니 분류가 매우 쉽네요. 여기에 분류된 글쓰기의 갈래가 실제 집필로 이어져 출판이 되면, 글의 갈래로 세상에 나오지 않습니다. 우리가 정리한 것은 개별 글쓰기의 순수한 갈래 분류입니다. 이것이 출판을 거쳐 세상에 나올 때는 도서 분야로 바뀌죠. 도서 분야로 나타나는 모습도 한번 분석해 볼까요."

P와 미란은 각각의 태블릿으로 인터넷서점을 방문하여 도서의 분류체계를 찾아보았다. 각각 분류체계를 확인하는 대로 화이트보드에 적고 동일한 분류가 나오면 하나로 통일하고 각기 다른 분류가 나오면 따로 빼서 고민한 뒤 결정하기로 하였다.

서점의 도서 분야

분야	분야 세부
가정과 생활	결혼/가족, 임신/출산, 육아, 자녀교육, 요리, 집/살림
건강/취미/실용	건강에세이/건강기타, 다이어트/미용, 등산/낚시/바둑, 성생활, 스포츠/오락기타, 애완동물, 요가/체조/기타, 의학/약학, 질병과 치료법, 취미기타, 패션/수공예, 퍼즐/스도쿠/기타, 한의학/한방치료
경제/경영	경제, 경영, 마케팅/세일즈, 투자/재테크, CEO/비즈니스맨, 인터넷비즈니스, 총람/연감, 정부간행물
국어/외국어/사전	국어, 영어, 일본어, 중국어, 독일어, 러시아어, 스페인어, 이탈리아어, 프랑스어, 여행회화/어학연수, 기타 언어, 사전류, 한자/옥편
대학교재 (전문서적)	경상계열, 공학계열, 농축산학 계열, 대학/사이버대학, 대학출판부, 방송통신대학교, 법학계열, 사범대 계열, 사회과학 계열, 어문학 계열, 예체능/문화/기타 계열, 의약학/간호 계열, 인문학 계열, 자연과학 계열, 전문서적 출판사
만화	교양만화/비평/작법, 공포/추리, 드라마, 성인, 순정, 스포츠, 액션, 역사/무협, 유럽/서구 해외만화, 인터넷&카툰/영상만화, 일러스트화보집&캘린더&다이어리, 취미와 직업, 코믹/풍자 판타지, 학원, BL(보이즈러브), SF/밀리터리, 그래픽노블, 라이트노벨
문학	소설, 에세이, 역사/장르문학, 테마소설, 고전문학/신화, 시/희곡, 비평/창작/이론
사회/정치	사회비평/비판, 사회단체/NGO, 정치/외교, 사회학, 여성/젠더 교육, 언론학/미디어론, 생태/환경, 미래예측, 행정, 법, 국방/군사
수험서/자격증	공무원, 고등고시/전문직, 교원임용시험, 경제/금융/회계/물류, 공인중개/주택관리, 국가자격/전문사무, 법/인문/사회, 보건/위생/의학, 취업/상식/적성검사, 편입/검정고시/독학사, 한국산업인력공단, LEET:법학적성시험, Meet/Deet/Peet, PSAT(행시/외시), 기타/신규 자격증
어린이	예비 초등학생, 어린이 문학, 초등학습, 학습만화/코믹스, 어린이 교양, 초등 1-2학년, 초등 3-4학년, 초등 5-6학년, 전집, 교과서수록도서
여행	국내여행, 해외여행, 테마여행, 유학/이민(자기관리), 여행에세이, 여행회화, 지리의 이해
역사와 문화	역사와 문화 교양서, 역사학 이론/비평, 한국사/한국문화, 동양사/동양문화, 서양사/서양문화, 세계사/세계문화, 아프리카/중동/중남미/오세아니아 역사, 주제로 읽는 역사
예술/대중문화	예술기행, 예술일반/예술사, 건축, 미술, 음악, 사진, 무용, 대중문화론, TV/라디오, 연극/공연, 영화/비디오, 대중음악, 예술치료, 연예인 화보집
유아	0-3세, 4-6세, 유아 그림책, 유아 놀이, 유아 학습, 유아 전집, 만화/캐릭터/테마샵
인문	인문일반, 기호학/언어학, 미학/예술철학, 심리, 종교학/신화학, 논리학, 윤리학, 철학/사상, 한국철학, 동양철학, 서양철학

인물	경영자, 과학자/지식인, 교육인/언론인, 라이벌/동반자, 문학인, 법조인/의료인/군인, 보통사람들, 사상가/철학자, 사회운동가/혁명가, 역사/시대적 인물, 연예인/방송인/스포츠맨, 예술인, 정치인, 종교인, 페미니스트/여성인물
자기계발	처세술/삶의 자세, 성공학/경력관리, 기획/정보/시간관리, 화술/협상/회의 진행, 창조적 사고/두뇌계발, 여성을 위한 자기계발, 인간관계, 취업/유망직업, 유학/이민, 성공스토리
자연과학	과학, 수학, 물리학, 화학, 나노과학, 생명과학, 뇌과학, 인체 천문학, 지구과학, 공학 ,농/축/수산학
잡지	경제/시사, 리빙/육아, 문예지, 문화교양지, 방송교재, 성인지(19+), 어학/고시/입시, 여성/남성, 여행/취미/스포츠, 연예/영화/만화, 예술/사진/건축, 요리/건강, 자동차/과학/기술, 정기구독, 종교, 컴퓨터/게임/그래픽
전집	0-3세, 3-4세, 4-7세, 초등 저학년, 초등 중학년, 초등 고학년, 청소년/일반, 단행본 전집, 전화상담전집, 브랜드 전집
종교	종교 일반, 기독교(개신교), 천주교, 불교, 세계종교, 역학/사주
청소년	공부법, 청소년 문학, 청소년 역사/인물, 청소년 문화/예술, 청소년 인문/사회/경제, 청소년 수학/과학, 청소년 생활/자기관리, 청소년 철학/종교/윤리, 중학생, 고등학생, 조기유학 성공기, 논술대비
IT/모바일	IT 전문서, 그래픽/DSLR/멀티미디어, 모바일/태블릿/SNS, 오피스활용도서, 웹/컴퓨터/쇼핑몰/게임, 컴퓨터수험서
초등참고서	EBS 초등학교, 미취학 아동, 1학년, 2학년, 3학년, 4학년, 5학년, 6학년, 예비중 영재교육원대비, 논술, 수학전문교재, 영어, 한자, 월간지, 시험대비문제집(기출+예상), 초등 학습자료/교구
중고등참고서	고등학교, 중학교, EBS 방송교재, 수시·논술대비

"글의 갈래 분류와 도서 분야의 차이점이 느껴지나요?"

"글의 갈래로 분석했을 때는 글을 쓴 사람의 의도를 중심으로 분류가 된 것 같은데, 서점의 분야별 분류체계로 다시 분석하니까 이번에는 책을 사서 읽고자 하는 사람의 목적 중심으로 분류된 느낌이 들어요."

"정확하게 보셨어요. 그럼, 글의 갈래 분류와 책의 분야 분류의 차이점을 명확히 알 수 있는 표 하나를 그려 주세요."

구분	갈래 분류	분야 분류
분류 예	정서, 친교, 정보, 설득	결혼, 가족, 건강, 경제, 경영, 문학, 어린이, 자기계발 등
분류 대상	글	도서
분류 주체	글쓴이	책을 사서 읽는 이

글쓴이의 목적과 책을 읽는 이의 목적이 잘 만나야 한다. 이러한 기준을 알고 책을 선정하고 구입하여 읽을 때, 독서 이후의 활용이 살아나는 것이다.

본질을 추구하는 분야가 있다

"그런데 사실은 더 깊이 들어가면 서점의 도서 분류 체계는 매우 세부적인 체계까지 완벽하게 갖추고 있습니다. 서점의 분류체계를 이해하는 것은 사실, 책을 사서 읽는 목적을 정확히 아는 것과 동일합니다."

"폴샘, 서점의 도서 분류체계가 도서를 사서 읽는 목적과 부합되는 게 맞지만, 사실은 정확하게 원하는 바가 있기 때문에 그것 이상의 것을 얻으려 하지 않을 것 같아요. 결혼 이후 아기를 가진 부부가 태교 관련 분야의 책 한 권을 선택해 구입하여 읽고, 태교의 방법을 찾아 적용한다면 이미 그것으로 충분히 목적을 달성한 거예요. 그 책을 쓴 저자의 의도와 독자의 의도가 동일하며 더 이상의 확장이 필요하지는 않다고 생각해요. 그러니까 읽는 목적, 구입 목적, 그리고 저자의 집필 목적이 딱 떨어지지만 그 자체가 본질을 추구하는 도서를 찾아내어 본질을 추구하는 독서행위라고 보기는 어려운 거죠. 독서의 목적을 이룬 것이지만 활용의 목적, 실용의 목적을 이루었지, 보다 더 깊은 본질 차원이라고 말하기는 어려운 것 같아요."

"충분히 동의가 됩니다. 도서 분야로 분류하는 체계를 알고 있으면 도서를 활용하는 데 충분히 도움되는 게 맞습니다. 여기서 한 가지 분리해야 할 영역이 있습니다."

"분류가 아니라 '분리'라고 하셨나요?"

"네 '분리'입니다. 이러한 도서 분야에서 몇 개의 분야는 본질적인 사고의 확장을 위해 분리가 가능한 분야가 있습니다. 이러한 '분야'를 '분리'하자는 겁니다."

P는 다시 사이트를 열어, 도서 분야의 '가정과 생활'에 들어가 세부 분류 체계를 보여주었다. 세부 분류 체계를 열어보니 각각 또 다른 세상이 펼쳐진다.

"가정과 생활 분야에서 결혼/가족, 임신/출산, 육아, 자녀교육, 요리, 집/살림, 이렇게 기본 세부 분류를 했을 때는 사고의 확장이 필요하기보다는 실용적 목적으로 선택되는 분야로만 보입니다. 하지만 여기서 더 하위로 가면 '결혼/가족'에는 결혼, 부부관계, 가족관계, 노부모로 분화됩니다. '육아'에는 성장발달, 건강하게 키우기, 바르게 키우기, 놀이로 키우기, 육아법으로 분화됩니다. 만약 여기 세분화된 분류 중에

146

가정과 생활 분야의 세부 분야 예시

국내도서
가정과 생활
초/중/고등 참고서
국어/외국어/사전
대학교재(전문서적)
문학
사회/정치
수험서/자격증
어린이
여행
역사와 문화
목회/기독교화
요리
인문
인물
자기계발
잡지
전집
종교
종교단체
청소년
IT/정보처리
소설/비소설
중고도서
중고참고서

가정과 생활

주간베스트 › 새로 나온 책 › 강력추천 › 회원리뷰 ›

– 닫기

결혼/가족	결혼	부부관계	가족관계	노부모
임신/출산	임신	태교		
육아	성장발달	건강하게 키우기	바르게 키우기	놀이로 키우기
	육아법/육아일기			
자녀교육	한글떼기반	놀이교육	독서교육	영어교육
	감성/체험교육	영재/지능개발	초등생활지도	좋은부모되기
	자녀교육일반			
요리	요리일반	생활요리	개인요리책	상황별요리
	메뉴얼/시리얼요리	홈베이킹/베이커리	한국전통요리	차/음료
집/살림	인테리어	정리/수납	살림의지혜	정원가꾸기
	주거생활			

서 '바르게 키우기'라는 단어를 클릭하면 어떤 책이 나올까요?"

미란은 바로 책의 목록을 확인해 보았다. 자존감, 심리, 자녀의 행복, 대화법, 마음코칭 등의 책들이 끝없이 이어지고 있다.

"어? 이런 책들은 충분히 본질적인 사고 확장이 가능할 것 같기도 한데요."

"맞습니다. 이제야 본질을 추구하는 도서가 눈에 들어오네요. 세부 분야 중에서 특정 책들은 특수한 목적을 얻기 위한 실용의 책과 본질 적인 사고 확장이 가능한 책들이 섞여 있습니다. 하지만 제가 얘기하 고 싶은 분야는 다른 것입니다."

P는 미란을 라이브러리의 가장 깊은 코너로 안내하였다. 길게 펼쳐 진 책들이 뭔가 한 가지 분야로 통일되는 것 같았다. 바로 인문 분야의 책들이다.

"인문 분야의 책은 따로 분리되어야 합니다. 오늘 서재 인터뷰의 하

이라이트는 바로 여기 인문 분야입니다. 앞서 살펴보았던 다양한 도서 분야를 이해하는 것은 독서의 목적과 활용을 이해하는 데에 꼭 필요한 작업이었지만, 그 속에서 본질을 추구하는 도서를 찾는 것은 모든 사람이 쉽게 들어갈 수 있는 방법은 아닙니다. 그래서 아예 드러내놓고 본질을 추구하는 도서가 존재하는 것입니다. 바로 '인문 분야'의 책입니다.

"도대체 인문학 분야 책이 몇 권인 거죠. 정말 많아요!"

"글쎄요. 인문학 연구를 2년 정도 진행했었는데, 그때 한 번에 구입한 책들입니다."

"네! 한 번에 이걸 다 구입했다고요?"

"네, 4번 정도 나눠서 구입을 했는데, 같은 날 2번 구입한 책이 187권이네요."

P는 200권에 가까운 책을 250만 원 정도 지불하고 구입했다. 그는 기업의 연구용역을 할 때도 연구비의 상당 부분을 도서 구입에 사용한다. 한 가지 분야에 대해 그 체계의 뿌리까지 근접하기 위해 가지고 있는 모든 자원을 사용하는 것이다. 물론 이러한 재정지출에 동의하지

않을 사람이 있을 수 있다.

"폴샘, 분류의 기준이 있나요? 인문학은 그야말로 방대하기 때문에 어떤 기준으로 책을 서재에 분류하는지 궁금해요."

"두 가지 방법이 있습니다. 첫 번째 방법은 이미 공개한 적이 있습니다. 문화, 과학, 예술, 역사, 철학 등의 일반적인 분류방법입니다. 기억 나실 거예요."

일반적인 인문학 분류방식을 적용한 코너

SCIENCE   CULTURE   ART

"폴샘, 일반적인 방식이라고 하지만, 개인이 이런 방식으로 자기 서재에 그 분야 전체의 책을 분류해 놓지는 않아요."

"알겠습니다. 중요한 것은 다음이에요. 바로 옆 책장을 별도로 구분하여 제가 정한 주제로 읽은 책들을 재분류하여 배치하는 칸이 있습니다. 새로운 테마별 인문학 분류법이죠."

바로 옆 책장에는 WHAT, YOUNG, CONVERGENCE, CLASSIC 등의 글자가 새겨져 있고, 주제별로 책이 정돈되어 있다.

"폴샘, WHAT은 인문학 책 중에 어떤 책을 모아 둔 곳인가요?"

인문학 중 WHAT 재분류 도서

북 코너 - 인문학 중 YOUNG 재분류 도서

"인문학이 어떤 영역인지 소개하는 책입니다. 강의방식, 또는 대담 방식으로 풀어내어 쉽게 읽을 수 있는 책들이죠."

"폴샘의 철학으로 보자면, 제 생각에 이 책들은 아마 인문학을 처음 접하는 사람들에게 소개해 주는 책이 아닐까 싶네요."

"맞습니다. 인문학에 대한 일반적인 분류가 '넓이 독서와 깊이 독서' 라면 이곳은 '높이 독서'겠죠. 필요한 사람의 상황과 수준에 맞춰 최적화시킨 것이니까요. 그런 의미에서 바로 옆 코너는 더욱 의미가 있습니다."

"제가 한번 책 제목들을 보고 맞춰 볼까요? 정답! 찾았습니다. 청소년들에게 인문학을 소개해 주려고 모은 책들이죠?"

"역시 금방 알아차리는군요. 저는 책을 다 읽어보고 고심하면서 분류한 건데 미란 선생은 5초 만에 맞히는군요. 대단합니다."

"폴샘, 이런 식으로 서재의 책을 일반적인 분야에서 주관적인 테마 분야로 재구성한다면, 서재의 구성이 고정적이지 않을 것 같아요. 뭐랄까. 트랜스포머 같은 느낌이에요."

"서재는 진화합니다. 아마 이 베이스캠프에 대해 저와 인터뷰를 하고, 이 내용으로 미란 선생이 강의를 하거나 책을 낸다면 사람들이 이 서재에 관심을 갖겠죠. 그런데 그때쯤이면 이 서재의 구성이 지금과는 또 많이 달라져 있을 겁니다."

"이제 이해가 돼요. 그런데 폴샘, 인문학은 다른 분야라고 얘기하셨는데, 그렇다 하더라도 인문학이 주는 유익이나 읽는 이유, 독서의 목적이 있을 것 같은데요."

세상에서 가장 깊은 수업

"답이 있지는 않습니다. 200여 권을 읽은 저로서는 대부분 다른 이야기를 하고 있다는 사실에 놀랄 수밖에 없었어요. 소수를 제외하고는 각기 다른 분야의 전문가들인 경우가 많거든요. 철학자, 심리학자, 역사학자 등, 인문학을 읽고 해석하며 가치를 찾아가는 과정에 대한 친절한 방법을 소개한 책은 손에 꼽을 만합니다."

P는 중학생들을 대상으로 한 인문학 클래스를 운영했었다. 인문학 연구를 위한 독서도 그 수업을 위해 읽은 것들이었다. 당시 수업을 회상하는 일은 P에게 늘 가슴 설레는 일이었다.

"인문학에 대해 조사해 왔니?"

"네, 다음과 같이 찾아보았습니다."

❶ 인문과학이란, 인간의 문화에 관심을 갖는 학문분야로, 정치·경제·역사·학예 등 인간과 인류문화에 관한 정신과학을 통틀어 이르는 말이다.

❷ 인문과학이란, 인간의 조건에 관해 탐구하는 학문이다. 자연 과학과 사회 과학이 경험적인 접근을 주로 사용하는 것과는 달리, 분석적이고 비판적이며 사변적인 방법을 폭넓게 사용한다.

❸ 정치, 경제, 사회, 역사, 문예, 언어 따위를 자연 과학에 상대하여 이르는 말이다. 또한 인간의 역사와 문화에 관한 학문을 통틀어 이르는 말이다.

"석민아, 인문학을 인문과학이라고 표현하는 이유가 있을까?"

"자연과학, 사회과학과 같은 위치에서 비교하기 쉬워서 그렇습니다. 그래서 저는 이 내용을 같은 표에 넣어 보았습니다."

구분	인문과학	자연과학	사회과학
연구대상	인간, 인간 문화, 인간 역사, 인간 사유	자연현상의 법칙	인간과 인간 사이에서 일어나는 사회적 현상
연구방법	분석적, 비판적, 사변적 방법	실험, 경험적 접근	과학적으로 연구, 경험적으로 접근
연구내용 (분야)	역사, 철학, 문학, 신학, 언어학	물리, 화학, 생물, 과학, 천문, 지학	사회, 정치, 법학, 종교, 예술, 도덕 등
유사 표현	정신과학	자연과학 또는 경험과학	경험과학

인문과학, 자연과학, 사회과학 간단 구분

이렇게 인문학 수업을 6개월 정도 진행하는 동안 학생들은 문학 분야를 택하여 인문학의 사고체계를 반영한 비평문을 작성하였다. 말이 비평문이지, 작은 소논문에 가까운 글이었다. 6개월을 마무리하며 학생들은 각기 한 권의 책을 손에 쥘 수 있었다. P는 각 학생들의 소논문 앞부분에 직접 추천사를 써주었다. 인문학 수업을 하는 동안 깊어지고, 넓어지고, 높아진 학생들의 모습을 관찰하고 느낀 점을 담아 각 학생들에게 편지를 쓰듯이 추천사를 써준 것이다.

대한민국 전체 학술지와 논문DB에 들어가서 '죄와 벌'에 관한 논문을 검색하면 모두가 예상하는 결과가 나온다. 의외로 분석 자료가 많지 않다. 그만큼 어려운 작품이다. 고상한 척 『죄와 벌』 양장본을 손에 들고, 캠퍼스를 거닐 때는 꽤 모양새가 좋은 책이지만, 작정하고 분석하기에는 불편한 책이다. 하지만 ㅇㅇ에게 이 책은 항상 읽어왔던 문학작품 중에 하나일 뿐이다. 그 이상도 그 이하도 아니다. 이는 ㅇㅇ가 어린 시절부터 책과 함께 성장하였기 때문에 가능한 것이다. 자신의 생각과 자의

식이 형성되는 과정에 책을 스승으로 삼았기 때문이다. 책을 통해 자신을 보는 연습이 일상화되어 있고, 책 속에서 세상을 만나는 훈련이 습관화되어 있었던 것이다.

책을 반복해서 읽은 뒤, ○○는 도스토예프스키와 토론을 시작하였다. '생각싸움'을 한 것이다. 저자가 정말 하고 싶은 말이 무엇이냐고 따지기 시작하였다. 저자와의 대화를 마치고 ○○가 찾아낸 것은 '자유'였다. '죄'도 아니고 '벌'도 아니고 '자유'였다. ○○가 쓰고자 하는 글의 방향에 대해 물어보자 너는 이렇게 말하였다.

"선생님, 사람들이 생각하는 죄는 사회적이고 표면적인 죄이지만, 그것은 드러난 것일 뿐 그 죄가 형성된 과정에서의 원인제공, 그리고 행동하기 이전의 내면적 충동, 관계 속에서 축적된 갈등의 영향 등을 간과하는 것 같아요. 그리고 라스콜리니코프는 사회적 벌보다 더 무서운 내면적 수치, 두려움, 불안, 죄책감, 죄의식으로 이미 벌을 받고 있었어요. 결국 그가 사회적 형벌을 받는 순간, 그는 오히려 자유의 상태가 된 것 같아요……."

이것이 진정한 책 읽기이다. ○○의 삶은 본인의 의지와 상관없이 이미 기준이다. 읽고 쓰고 사고하는 리더의 기준이다. 14세 ○○와의 인문학 수업은 그 자체로 한 편의 작품이다.

『죄와 벌』이라는 작품은 매우 어렵다. 논문DB에 들어가도 연구자료가 많지 않다. P는 마치 무너져가는 세상을 위해 작은 씨앗과 같은 희망을 키워 미래를 대비하는 마음으로 이 수업을 진행하였다.

인문수업의 결과물로 제작한 소논문과 이것이 비치된 서재

P는 자신에게 맡겨진 '생각하는 아이들'을 소중히 여기면, 이들을 통해 세상을 아름답게 바꾸는 일에 기여하는 것이라 생각했다. 『죄와 벌』을 읽고 이 학생이 제작한 소논문의 오프닝 프롤로그는 이 어린 학생이 인문수업을 통해 얼마나 생각하고 사고했는지를 보여준다.

(전반부 중략) 이러한 사회적 모순을 잘 보여주는 책이 바로 도스토예프스키가 쓴《죄와 벌》이다. 그는 그의 힘들었던 투옥생활을 통해 죄와 벌의 무게에 대해 다시금 생각해 보게 되었고, 훗날《죄와 벌》은 우리 사회에서의 모순을 잘 보여주게 되었다. 도스토예프스키는 힘든 투옥 생활 도중에도 자신과 같은 처지에 있는 허구의 인물을 생각하였고, "나 자신을 잃어가는 것 같은 기분에, 슬픔으로 무거워진 마음을 안고 침상에 누워서 이야기를 떠올렸다."라는 회고의 말과 함께 이 책을 써 내려 갔다고 한다.

책 속의 인물, 라스콜리니코프는 살인 후, 죄책감과 죄의식에 힘들어하다가 오히려 자수 후, '사회의 벌'과 '죄에 대한 사회적 처분'으로 시베

리아를 가면서 자유가 시작된다. 얼어붙은 그의 마음을 진심을 다한 사랑으로 녹여준 소냐와 함께 찾아가는 그의 자유는 아마 도스토예프스키의 마음을 제일 잘 대변한 것이 아닐까 생각된다.

대부분, 사람들의 시점에서 감옥이란 자유도 없고 희망도 없는 어두운 장소로만 생각된다. 하지만 사람마다 상황과 생각이 다르기에 이 책 속 라스콜리니코프는 오히려 감옥에서 희망과 자유를 찾아간다. 매일 죄책감과 죄의식 속에 살다가 사회에 자신의 죄를 털어냈다. 사회의 벌을 받을 때까지 그의 삶은 막막했고, 누구보다 힘들었다. 그러나 이 모든 삶을 바꿔준 것에는 사랑이란 것이 존재했다.

대부분의 모든 인간은 '정신'의 일시적인 모습이며, 이것은 생을 부여받은 자가 가지는 고뇌의 실현이다. 여느 사람들과 마찬가지로 라스콜리니코프는 그의 일시적인 모습을 한 순간에 잘못 표현했을 뿐이지만 그는 다시 소냐와 함께 일어섰다.

책 속에서도, 현실 속에서도, '인간은 무엇인가'를 알고 있는 이는 드물다. 그러나 나름대로 감지하고 있는 많은 사람은 그로 인해 보다 편안히 죽음에 이르게 될 것이다. 우리는 '인간'이라는 존재로 태어났기에 자신의 죄를 인정하고 벌을 받으며, 자신의 자유를 스스로 찾아가야 된다고 생각한다. (후반부 중략)

156

논리적 사고를 건너 창의적 사고로

"미란 선생은 창의성을 어떻게 이해하고 있는지 궁금합니다."

"새로운 것을 생각해내는 특성이죠."

"창의적인 접근에서 말하는 '창의성'은 일반적으로 유창성, 융통성, 독창성, 정교성을 포함합니다. 유창성은 하나의 자극을 다양한 가짓수로 확장하는 것이고, 융통성은 하나의 자극을 유연하게 변형하는 것입니다. 독창성과 정교성은 말 그대로이고요. 이것이 바로 발산적 사고인데, 사실은 이것이 갑자기 뚝 떨어지는 것이 아니라, 논리적 사고와 비판적 사고라는 단계를 충분히 거친 뒤에 실력 발휘가 된다는 것입니다."

P는 화이트보드에 표를 그리고 빈 곳을 채우기 시작하였다. 비판적 사고, 논리적 사고, 창의적 사고를 구분하는 표로, 그 속에 일관된 하나의 흐름을 표현하였다. 분석적 사고, 추론적 사고, 종합적 사고, 대안적 사고, 발산적 사고이다.

사고력의 범주와 창의성의 구현단계

수리성 방향 ←	비판적 사고				예술성 방향→	
기호적 사고	분석적 사고	추론적 사고	종합적 사고	대안적 사고	발산적 사고	상징적 사고
formal symbolic thinking	analytical thinking	inferential thinking	synthetical thinking	alternative thinking	divergent thinking	material symbolic thinking
	개념 분석 텍스트 분석	분석적 추론: 연역 종합적 추론: 귀납	의사결정	관점, 발상전환 문제해결	유창성, 융통성 독창성, 정교성	
	논리적 사고			창의적 사고		

"폴샘, 이 내용이 순차적인 단계를 이루고 있는 것인지, 그냥 구조적인 포함관계인지 궁금해요."

"둘 다 맞습니다. 이를 총체적인 사고력의 범주라고 합니다. 그러니까 처음에는 개념을 정확하게 이해하는 것이 가장 중요합니다. 이를 개념적 사고라고 하죠. 작은 단위의 개념을 정확하게 알아야 전체를 나눠서 '순서'를 고민하거나 관계를 파악할 수 있습니다. 이를 분석적 사고라고 합니다. 그 다음으로 추론적 사고단계입니다. 원인과 결과, 조건과 결과 등의 추론을 하는 것입니다.

우리가 아는 유추는 여기에 속합니다. 이렇게 분석하고 추론한 뒤에는 다시 전체를 종합하여 판단하고 결정하는 단계로 갑니다. 이런 과정의 절정은 바로 대안을 제시하는 '리더의 자격'을 갖추는 것입니다."

"이러한 단계를 거친 그 다음의 수준이 '창의적 사고'이군요. 결국 창의성은 단순히 확장하는 것이 아니라는 것이죠."

P는 표 옆에 간단하게 포함관계를 보여주는 그림을 그려주었다. 프레임 구조로 이해하는 것보다 그림으로 내용을 표현할 때 쉽게 이해가 되기 때문이다. 모든 경우가 다 그런 것이 아니라, 구조가 복잡한 경우에는 이렇게 그림을 그리는 것이 P의 작은 습관이다.

"독서에 있어서도 이러한 창조적인 접근이 가능하겠지요. 즉 독서를 통해 다양한 창의적 사고와 창조적 발상을 하기 위해서는 어설프게 읽고 여러 정보를 조합하기보다 한 권의 책을 더욱 정직하고 깊게 읽어야 할 것 같아요."

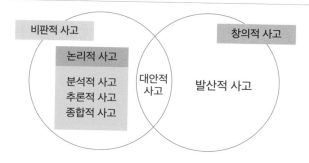

비판적 사고

논리적 사고

분석적 사고
추론적 사고
종합적 사고

대안적 사고

창의적 사고

발산적 사고

"옳은 생각입니다. 독서에서도 새로운 창조를 섣불리 논하기보다는 한 권의 책을 더욱 깊게 읽는 연습이 필요합니다."

자유로운 사고, 창의적인 사고는 결국 깊은 사고에서 나온다. 개념적이고, 체계적인 사고의 훈련이 있어야 진정한 상상력이 나올 수 있다는 것이다. 이것이 바로 P가 추구하고 가르치는 '본질을 추구하는 독서'의 방법이다. 그 자신이 이 방법을 사용하였고, 인문학을 연구하는

본질의 깊이를 만들어내는 힘

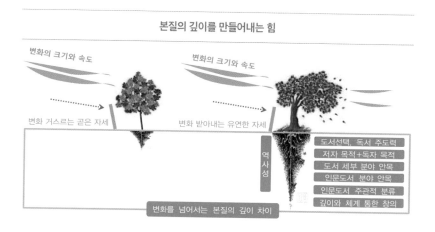

변화의 크기와 속도

변화의 크기와 속도

변화 거스르는 곧은 자세

변화 받아내는 유연한 자세

역사성

도서선택, 독서 주도력
저자 목적＋독자 목적
도서 세부 분야 안목
인문도서 분야 안목
인문도서 주관적 분류
깊이와 체계 통한 창의

변화를 넘어서는 본질의 깊이 차이

제자들에게도 늘 강조하였다.

본질의 가장 중요한 축은 역사성이다. 다른 한 축은 독서를 통해 본질을 추구하는 것인데 이 과정에서는 도서를 주도적으로 선택하고 구입하며 읽을 수 있는 '분류 안목'이 먼저 필요하다.

또 한편 분류를 넘어 이미 본질적인 독서를 위해 분리되어 있는 인문학 도서가 존재한다. 이러한 책을 읽을 때 필요한 것이 본질을 추구하는 독서의 방법이다. 본질을 추구하는 독서 행위는 매우 개념적이고 분석적인 단계와 종합적인 단계를 거쳐서 자유로운 사고로 날아가는 것이다. 변화는 더 거세게 밀어닥칠 것이다. 변화 앞에 넉넉히 그 변화를 즐길 수 있는 사람은 역사와 본질을 추구하는 사람이다.

"인문학클래스 친구들과 책을 읽고 실제 읽은 내용에 대해 토론하는 장면이 궁금해지네요."

"단순해요. 책을 읽은 뒤에 우선적으로 세 가지 질문을 서로 합니다. 이것이 기본이에요."

독서의 깊이가 만들어낸 '물맛'

"세 가지 질문이 뭘까요?"

"내용과 의미와 교훈에 대한 질문입니다."

"내용, 의미, 교훈이군요."

"내용은 정확하게 읽었는지에 대한 객관적인 확인이고요. 내용 이면

160

에 담긴 의미를 파악하는 것이 두 번째입니다. 마지막으로 그러한 내용과 의미를 가치와 충돌시키면서 자신을 성찰하는 방식입니다."

"폴샘, 용어가 구분되는데요. 내용을 확인하고, 의미를 파악하며, 가치를 성찰하는 것. 그런데 내용 확인은 객관적으로 정확한 내용을 아는 것이니 답이 있을 것 같아요. 의미를 파악하는 것은 단순히 텍스트를 분석하는 것을 넘어 다양한 관계나 시대적 맥락이 반영될 것 같고요. 만약 소설을 읽는다 했을 때, 의미를 파악하는 과정은 매우 복합적인 작업이 될 것 같은데요."

"미란 선생이 정확하게 본 겁니다. 독서법에 대한 책이나 강의를 들어도 대부분의 첫 단추는 필수입니다. 문제는 그 다음의 두 가지 단계이죠. 만약 소설의 경우라면, 의미를 파악하는 과정에서 작품 내적 변수와 작품 외적 변수까지 고민해야 합니다. 작품 내적 변수는 작품 속 인물과 사건 등으로 의미를 파악하는 것입니다. 인물만 보아도 인물성격, 인물관계, 인물갈등, 성장배경 등입니다. 사건만 보아도 사건의 원인, 그 원인을 만들어낸 배경 등이죠. 여기까지가 작품 내적 변수입니다. 작품 외적 변수는 작가 차원으로 보는 것입니다. 작가의 삶과 가치관이 내용에 개입되어 있다는 것이죠. 작가의 주제의식, 가치관, 작가의 작품세계 등입니다. 이런 작가 특징을 만들어낸 작가의 성장과정, 그리고 그 작가가 이런 작품을 쓰게 된 당시 시대적 배경 등까지 개입되는 것입니다. 깊이 들어가면 들어갈수록 새로운 세계가 존재하지요."

"그래서 문학이 가장 어렵고 깊은 세계라는 이야기를 하는군요. 인문과학의 대표인 문학, 역사, 철학은 정말 어려운 것 같아요."

"본질 중에 본질입니다."

"폴샘, 그러면 세 가지 단계 중 마지막 단계인 가치 성찰은 독자가 자신의 교훈을 찾아가는 것이겠죠?"

"맞습니다. 이 과정이 가장 아름다우면서도 가장 치열한 과정입니다."

"왜 그런가요? 교훈은 뻔히 정해져 있는 것 아닐까요?"

"뻔히 정해진 교훈을 받아가는 것은 수동적인 가치, 타인의 가치입니다. 주도적이고 능동적인 가치는 '충돌'의 과정을 치열하게 경험해야 합니다."

"가치의 충돌을 말하는 것이군요. 가치의 충돌은 어떻게 경험하는 것일까요? 학생들에게 설명하는 것처럼 쉬운 언어로 풀어 주세요."

"가치의 충돌을 다른 말로 하면 '가치의 갈등'입니다. 가치의 갈등은

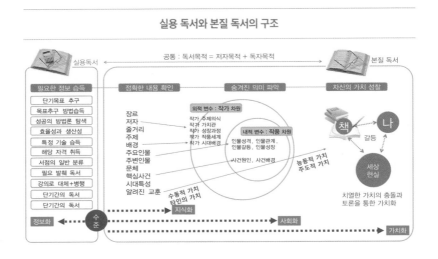

실용 독서와 본질 독서의 구조

162

세 가지 정도의 양상으로 이해하면 됩니다. 책 속에서의 갈등, 책과 세상의 갈등, 그리고 책과 나와의 갈등입니다. 얼핏 느낌이 오죠. 그럼 미란 선생이 한번 세 가지를 구분해 볼까요?"

"책 속의 갈등은 책 속에 실제로 존재하는 가치의 충돌을 말하는 것이고요. 책과 세상의 갈등은 책에서 찾아낸 가치의 충돌과 갈등이 현재 우리 주변에서는 어떤 양상으로 펼쳐지고 있는지 살피는 것이겠죠. 마지막으로 책과 나와의 갈등은 이미 찾아낸 그 갈등을 나의 가치관과 부딪쳐 보고 치열하게 토론하는 것입니다. 어때요, 비슷했나요?"

"비슷한 게 아니라 정확하게 이해하고 있는 겁니다. 미란 선생이 이미 다 알고 있는 것을 저는 플로(Flow:흐름)와 로직(Logic:논리관계)으로 바꾸어 설명한 것뿐입니다."

"폴샘, 그런 방식으로 토론을 진행하면 정말 재미있을 것 같네요."

"미란 선생, 책을 읽으며 꼭 필요한 정보를 얻는 것도 흐뭇하지만, 진정한 사유의 즐거움을 경험해 본 적도 많이 있으시죠?"

"물론 있지요. 다만 그럴 시간이 많지 않다는 게 아쉬울 뿐입니다."

"지식세대는 이러한 '깊은 맛'을 누려야 합니다. 그래야 숨을 쉴 수 있어요. 지식세대에게는 몸이 편한 것, 몸이 짜릿한 것, 타인에게 인정받는 것 등으로는 채울 수 없는 '작은 방'이 마음속에 존재합니다."

"폴샘, 정말 적절한 표현이라는 생각이 들어요. 열심히 달리는데 채워지지 않고, 많은 칭찬을 받고 있지만 스스로가 인정할 수 없는 그 무엇이 있어요."

"미란 선생, 저는 그것을 '맛'으로 표현하고 싶습니다. 깊은 곳에서

퍼 올린 정말 맛있는 물맛이요."

P는 무엇인가 떠오르는 것이 있었다. 화이트보드에 그림을 그렸다. 웅덩이를 파는데, 3단계로 깊이가 나뉜다. 처음에는 석 자 깊이, 그 다음에는 여섯 자 깊이, 마지막으로 아홉 자 깊이다. 각각의 웅덩이에 약간의 물이 고이게끔 파랑색 마커로 색을 넣었다.

"이 내용은 위백규의 『존재집』 내용을 김병완 씨가 『오직 책만 읽는 바보』에서 재인용한 것입니다. 독서의 깊이를 실제 우물을 파는 깊이로 표현하여 더욱 잘 이해가 되는 구절이죠. 제가 자주 인용하는 내용입니다."

글을 지으려는 사람은 먼저 독서의 방법을 알아야 한다. 예를 들어 우물을 파는 사람은 먼저 석 자의 흙을 파서 축축한 기운을 만나게 되면 여기서 더 파서 여섯 자 깊이에 이르게 되고 그 탁한 물을 퍼내고 나서 더 파서 아홉 자 깊이까지 파내려 간다. 아홉 자의 깊이까지 판 후에야 맑

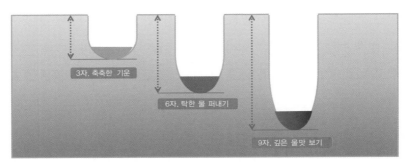

『존재집』의 독서방법론

3자. 축축한 기운

6자. 탁한 물 퍼내기

9자. 깊은 물맛 보기

고 맛이 있는 물을 만날 수 있게 된다. 이 물을 끌어 올려 천천히 음미해 보면, 그 자연의 맛이 그저 물이라 하는 것 이상의 그 무엇이 있음을 깨닫게 된다. 이 정도 깊이의 물이라야 물 이상의 가치가 있고, 그것을 마시는 사람들은 오장육부와 피부가 좋아지게 되고, 음식을 맛있게 할 수 있고, 고기도 익히고, 옷도 빨고, 땅에 물을 주어 어디든지 쓰이지 못할 데가 없게 된다. 하지만 우물을 판다고 해놓고서는 겨우 석 자 깊이 정도만 파고 나서 얻게 된 젖은 흙을 가져다가 부엌 아궁이의 모서리에나 바르면서 우물을 판 보람으로 삼는 일은 절대 있어서는 안 되는 일이다.

출처 -『오직 책만 읽는 바보』중에서

P는 화이트보드에 있는 3개의 웅덩이, 즉 석 자 깊이, 여섯 자 깊이, 아홉 자 깊이의 웅덩이를 유심히 바라보았다. 미란도 함께 웅덩이를 바라보았다. 둘의 생각은 비슷했다.

'이 비유를 지금의 독서방법으로 옮기면 어떤 적용이 가능할까?'

독서를 가볍게 읽지 않고 깊이 읽으라는 것이 한 권을 깊이 읽으라는 것일 수도 있고, 한 분야를 깊이 읽으라는 것일 수도 있다. 비유적 표현이기에 다양하게 해석할 수 있다. 글을 쓴 이의 의도까지 깨닫는 것일 수도 있고, 읽는 이가 기대했던 것보다 더 큰 깨달음에 이르는 것이 깊은 수준이라 할 수도 있다. 중요한 것은 독서에는 '깊이'가 있다는 것이다. P는 우물 그림 옆에 각 수준별로 담겨진 의미를 적어보았다.

깊이	우물 수준	내용	숨겨진 의미	독서활용의 측면
3자 깊이	축축한 기운	더 파라	겨우 시작이다	가볍게 필요한 것 찾는 독서
6자 깊이	탁한 물	퍼내라	더 집중해라	기대하지 않은 것도 얻는 독서
9자 깊이	맑고 맛있는 물	끌어올리라	맛을 누려라	책보다 더 큰 깨달음의 독서

"미란 선생, 깊은 독서, 본질을 추구하는 독서의 깊은 맛을 공감할 수 있겠지요? 하지만 한 가지 오해는 마십시오."

"오해라면?"

"인문학을 중심으로 한 본질 독서만이 제가 하는 독서라고 말할 수는 없다는 것입니다. 저 역시 많은 시간 실용적인 독서에 매달립니다. 실용적인 독서가 불필요하다는 것은 아니에요. 다만 저는 독서의 목적이 사람을 돕는 것에 있으므로 때로는 인문학에 기초한 본질 독서도 필요에 따라 접근하는 경우가 많습니다."

"실용 독서든, 본질 독서든 폴샘의 독서는 딱 그 모토와 맞아떨어지네요. The Right Time, The Right Person, The Right Book."

"맞습니다. 미란 선생도 자기 나름의 독서 목적을 갖고 있을 겁니다. 하지만 이런 독서의 목적이 독서의 범위와 수준을 제한해서는 곤란합니다."

"알겠습니다. 거대한 변화 앞에서 본질을 추구하는 독서를 통해 견고하고 깊은 뿌리를 다진다는 것은 충분히 이해하였습니다. 그런데 여기서 한 가지 새로운 궁금증이 생겼어요. 이러한 본질을 추구하는 독서에서 어떻게 '변화'라는 현실을 살아가는 접점을 찾는지 궁금해요."

"다리를 놓습니다."

"본질에서 변화로 가는 다리를 놓는다는 이야기군요."

본질은 변화로 가는 튼튼한 다리

책마다 특성의 차이가 있기에 동일한 방식을 적용하기는 어렵지만, 중요한 것은 P가 어떤 독서를 하든, 예외 없이 '적용점'을 찾는다는 것이다. 가장 근본적인 책인 문학, 역사, 철학서를 읽어도 그는 적용점을 찾는다. 적용점이 추상적일지라도 꼭 찾는다. 여기서의 적용점은 변화지향적인 실천포인트를 말하는 것이다. 즉 P가 본질적인 독서에서 변화로 가는 다리를 놓는 작업은 철저히 적용과 실천할 점을 찾는 것이다.

"폴샘, 자기계발서가 아니라면, 사고를 돕는 책에서 실천할 점, 적용할 점을 찾는 일은 다소 어려울 것 같아요. 일반적인 방법은 아니라고 생각해요. 보다 더 친절한 방법을 좀 소개해 주세요."

"섬세한 지적입니다. 깊은 생각에 들어갔다가 다시 현실로 돌아왔을 때, 손에 실천할 점을 쥐고 있는 것은 매우 어려운 일입니다. 본질에서 변화로 가는 다리 역할이 바로 독서 이후의 변화를 위한 실천 포인트라고 했는데, 이 다리 자체가 건너기 쉽지 않다는 이야기이죠?"

"그렇다기보다는 그 다리로 가는 진입로가 없는 것 같아요."

"비유가 적절한 것 같습니다. 그럼 지금 바로 제가 진입로를 놓아 드리죠."

P는 라이브러리의 저자별 코너에서 데이비드 허친스의 작품 중 『레밍딜레마』라는 작품을 꺼냈다. 매우 얇은 책이다. 미란에게 세 장의 삽화를 순서대로 보여주었다. 그리고 삽화에 해당하는 내용을 간단하게 소개해 주었다.

> 북쪽 마을에 '점프하는 쥐'라는 별명을 가진 쥐들이 살았습니다. 그들은 일 년에 한번씩 절벽 끝에서 멋지게 점프하며 떨어지는 축제를 벌였습니다. 그런데 다른 친구들은 점프를 하지만, '에미'라는 쥐는 그 모습을 보며 생각했습니다. '왜 떨어지지? 그리고 왜 점프를 한 뒤에는 다시 안 돌아오지?'라고 말입니다. 에미는 밤마다 절벽 끝에 앉아 생각에 잠겼습니다. 건너편에 있는 나무를 바라보며, 혹시 그곳에 새로운 세상이 있을까 상상해 보았습니다.

『레밍딜레마』

출처 - The Lemming Dilemma

"미란 선생, 이 책을 보면서 어떤 생각이 들었나요?"
"오랜 관성이요. 하던 일을 계속 하되, 그 의미도 진실도 모르는 채 따라가는 무리가 인상적이에요."

"또 어떤 것을 찾으셨나요?"

"에미는 관성에 묶이지 않으려 했어요."

"그 방법이 무엇이었죠?"

"의문을 품었어요."

"저도 그 부분이 가장 인상 깊었습니다. 에미가 그때 꺼낸 질문을 'Why'라고 하죠. 그럼 에미가 품었을 만한 질문이 또 무엇이 있을까요?"

"Where, 절벽 아래 어디로 가는 것일까? Who, 저들과 함께 할 수 없는 나는 누구일까? How, 어떻게 하면 저 건너편으로 갈 수 있을까."

"와! 대단한데요. 이 짧은 삽화 세 장에서 위대한 질문을 꺼냈어요. 한번 순서를 만들어서 의미를 부여해 볼까요?"

P는 표 하나를 그려 미란의 답변 내용을 깔끔하게 표 안에 넣었다. 순식간에 그럴 듯하게 제목까지 붙였다. 그런데 중간에 한 줄은 비워 놓았다.

"여기는 왜 비우셨어요?"

"한 가지 빼 먹은 위대한 질문이 있어서요. 생각해 볼래요?"

"찾았어요. If, 만약 건너간다면 저 건너편은 어떤 곳일까?"

"빙고!"

이것이 바로 P가 말하는 질문을 도출하는 방법론이다. 변화로 가는 다리에 진입하는 작은 진입로이다. 이렇게 질문을 통해 의미를 생성하면 근본적인 변화의 적용점을 만들어내는 통찰을 얻는다.

『레밍딜레마』에서 발견한 질문구조

순서	의문	내용	의미	키워드
Q1	Why	왜 떨어지지?	반복적인 관성을 끊음	멈춤
Q2	Where	도대체 어디로 가는 거야?	당연했던 목표 원점 검토	목표
Q3	Who	나는 과연 누구일까?	정체성을 향한 고민	정체성
Q4	If	만약 건너간다면?	변화에 대한 가능성과 열망	가능성
Q5	How	어떻게 건너갈 수 있을까?	변화를 위한 구체적인 방법	변화

"미란 선생, 변화를 위한 적용점에는 반드시 무엇인가를 해야 하는 것만 있는 것은 아닙니다. 이유를 모르고 하던 것을 멈추는 것도 아름 다운 변화의 일부라는 것 아시죠?"

"물론입니다. 오히려 먼저 실천할 것은 '멈춤'일지도 몰라요. 그래야 방향을 바꿀 수 있거든요. 그런데 폴샘, 이 책의 뒷부분도 좀 보여주시 면 안 될까요? 에미가 이후에 어떻게 되는지 궁금하거든요."

에미는 이후 변화를 위한 결심을 하게 된다. 앞에서 찾아낸 질문에 서 변화의 키워드를 도출하고, 그 질문을 통해 에미는 가장 위대한 행 동을 시작한다. 고무줄처럼 질긴 풀을 엮기 시작한다. 그리고 긴 줄을

『레밍딜레마』

출처 - The Lemming Dilemma

170

만든다. 긴 줄을 몸에 묶고, 나무와 나무 사이에 줄의 반대편을 묶는다. 몸의 방향을 앞쪽으로 향하게 하고, 뒤쪽에도 다른 줄을 묶어 몸을 뒤로 잡아당긴다. 그러면 자연스럽게 몸의 앞쪽 줄이 팽팽하게 긴장된다. 이 과정을 지속하다가 마지막에 뒤쪽으로 묶은 줄을 끊으면 몸이 앞으로 날아가게 되는 원리이다. 결국 에미는 계획대로 줄을 끊고 날아간다. 끊기 직전까지 에미는 두려움에 가득 찬 눈으로 앞을 바라보다가 다시 뒤를 돌아보기를 반복했을 것이다. 뒤에는 자신이 살던 곳, 익숙한 곳, 편안한 곳이 있을 것이다.

P는 작은 삽화 한 컷에서 수많은 고민을 했다. 자신이 했던 고민을 미란에게 소개해 주고 싶었던 것이다. 그래서 그림으로 그렸다. 한 장의 그림에서 오늘을 사는 자기 자신이 어떤 용기를 내어야 할지를 찾으려 몸부림 친 흔적을 말하고 싶었다.

"폴샘, 그림만 보아도 대번에 알겠어요. 무엇을 상상하고 계시는지,

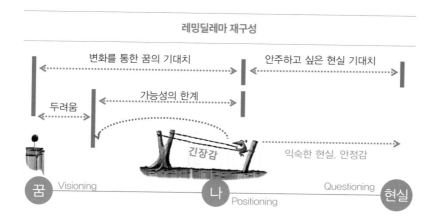

레밍딜레마 재구성

무엇을 말하고 싶으신지요. 특히 이 그림에서는 '거리'라는 포인트를 사용하여 마음의 크기를 표현한 것 같아요. 그래서 마음의 크기를 비교해서, 변화에 대한 갈등과 용기 등을 표현하고 싶으신 거죠. 가장 인상적인 것은 꿈의 기대치와 현실적인 가능성의 한계 비교예요. 그리고 그 차이가 바로 두려움의 크기라는 표현이 너무 마음에 와 닿는 것 같아요. 또한 변화를 통한 꿈의 기대치와 안주하고 싶은 현실 기대치를 길이로 비교했을 때, 전자가 더 클 경우 그림처럼 용기 있는 행동을 한다는 것이죠. 자신을 중심으로 현실이라는 익숙함과 비전이라는 설렘을 잘 표현하셨어요."

"미란 선생, 이 정도라면 본질적인 독서에서 질문을 꺼내고, 그 질문에서 변화를 위한 행동 포인트를 도출하는 게 가능하겠죠?"

"충분해요!"

"만약 미란 선생이 이런 방식으로 훈련이 된다면 그 어떤 독서를 하더라도 질문 또는 변화를 위한 적용점 등을 찾을 수 있을 겁니다. 그럼 여기서 실습을 한번 해볼까요? 제가 책 한 권을 드릴게요. 책 앞쪽에 제가 적어 놓은 글귀를 읽으시고 간단하게 책 내용도 훑은 다음, 변화를 위한 질문 및 행동의 포인트를 찾아서 정리해 보세요."

P는 라이브러리에서 『핑Ping』이라는 책을 들고 와서 미란에게 건네주었다. 책의 앞부분에는 P가 적어놓은 글이 있었다. 아마도 이 책을 읽고 독서편지를 쓰고자 간단하게 적어놓은 것 같다.

나는 핑Ping이라는 개구리야. 내가 사는 연못에서 나는 점프왕이었어. 존경을 받았지. 적어도 내가 사는 동안, 내가 사는 연못 안에서 나의 위치는 흔들림이 없을 거야. 그런데 어느 날 나는 마을의 원로 개구리들에게 연못의 물이 조금씩, 아주 조금씩 말라간다는 이야기를 들었어. 물론 이 역시 내가 사는 동안 다 마르지는 않을 거야. 그런데 왠지 나의 마음은 편하지 않았어. 이대로 그냥 칭찬을 들으며 말라가는 연못의 점프왕으로 살까. 아니면 새로운 세상, 새로운 연못을 찾아 나서볼까. 마른 땅으로 올라가면 나는 말라 죽지 않을까. 과연 나의 점프력이 낯선 곳에서도 통할까.

P는 미란이 책을 읽고 내용을 정리할 수 있도록 잠깐 자리를 비켜주었다. 어느 정도 시간이 지난 후 P가 돌아왔을 때, 미란은 이미 화이트보드에 내용체계를 거의 완성하고 있었다. 내용을 설명해 달라는 P의 요청에 미란은 진지한 표정으로 자신의 통찰을 소개하였다.

개구리 핑의 의식 흐름

주제상황	상황인식	갈등요인
핑의 현실인식	점프왕으로 존경받음	밖에서도 통할까
핑의 환경인식	환경 : 물이 말라감	사는 동안 문제없음
핑의 내면인식	내면 : 안주하고 싶지 않음	안주하고 싶다
핑의 결단과정	떠나볼까	머물까
핑의 위협예상	떠날 경우, 육지의 마른 땅	머물 경우, 책임의식
핑의 용기행동	떠난다	결단에 동의 구함
핑의 용기결과	멘토 만남, 직립보행	목숨을 잃음

"일반적인 자기점검의 과정 중에, 기업에서 선호하는 SWOT분석이라는 것이 있습니다. 내부적인 강점Strength과 약점Weakness, 그리고 외부적인 기회Opportunity와 위협Threat을 찾아보는 것입니다. 이 방법은 개인 또는 조직에 함께 적용이 가능한 모형이죠.

핑의 이야기는 이러한 SWOT의 분석 모형을 충실하게 반영하고 있어요. 충분히 안주할 수 있고, 자신만 생각한다면 큰 문제없는 삶, 소소한 행복과 칭찬을 누리며 살 수 있는 현재를 살고 있는 사람에게 필요한 이야기입니다. 어쩌면 말라가는 연못을 보면서 아무리 점프왕이지만 불편한 마음을 떨칠 수는 없었을 것입니다. 그렇다고 당장 뭍으로 떠나는 것도 두렵습니다. 지금과 같은 안전함이 보장되지 않기 때문이죠. 결정적으로 핑은 자신이 개구리라는 사실, 네 발로 다녀야 한다는 현실, 물이 없으면 살 수 없다는 한계, 그리고 더 이상 점프왕이 아닐 수 있다는 공포를 느끼고 있습니다. 이 글을 통해 지금 현재 우리의 현실, 환경, 불안 요인, 그리고 스스로 자신을 가두는 한계가 무엇인지 살

지식바인더의 질문과 적용점 도출 사례

한 권을 읽고 소개할 사람, 실천할 점 찾기

본질적 질문을 찾아, 변화를 위해 질문하기

필 수 있습니다."

"예상했던 것보다 훨씬 더 세련된 해석과 적용이네요. 이러한 깨달음에서 찾아낸, 미란 선생 자신에게 던지는 질문은 무엇일까요?"

"개구리 '핑'을 통해 나 자신에게 던진 질문은 '나는 이대로 충분한가?', '내가 안주하고 있는 연못은 무엇일까?' 등입니다."

"그렇다면 만약 그러한 질문으로 현실에 적용 가능한 실천 포인트를 찾아본다면 무엇이 있을까요?"

"미루고 있던 박사과정을 다시 시작하고 싶은 마음이 들었습니다. 지금 정도로 살아도 문제없이 살 수 있지만, 그것은 지금 당장의 생각인 것 같아요. 변화에 대응하기 위해서라도 박사과정을 다시 시작하고

자연 속에서 찾은 지식통찰을 새로운 가치로 융합

Subject	Nature-Source	Key	Naming	Question
나무에 오르기	나무는 좋다	위치	positioning	어디에 있는지
절벽에 서기	레밍딜레마	의문	gap	꿈과 현실 격차
되돌아가기	비둘기	초심	starting point	어디서부터 문제
시도하기	핑 개구리	점프	challenge	이대로 안주할까
함께 가기	기러기	동행	with going	외롭게 가고 있다
거슬러 오르기	연어	야성	overcome	길들여지고 있다
끝까지 가기	벌새	완주	little big thing	헛된 노력 아닌가
바라보기	큰 바위 얼굴	염원	view	너무 멀다
보고 달리기	톰슨가젤	방향	direction	함께 뛰고 있다
아낌없이 주기	아낌없이 주는 나무	나눔	sharing	행복하지 않다
밧줄 풀기	코끼리	자유	belief	발목을 잡고 있다
문제 찾아가기	펭귄	분석	relationship	무엇이 문제인지
깨고 나오기	달걀	생명	self-leadership	누가 도와준다면
눈을 감고 보기	애벌레	날개	beautiful	지금의 못난 모습
뿌리 내리기	모죽	뿌리	inner power	발전이 더디다

싶어지네요."

"네, 좋습니다. 미란 선생은 지금 본질과 변화의 다리를 잇는 작업을 질문과 적용점으로 보여주었어요. 이게 바로 제가 매일 건너는 다리입니다."

"폴샘, 서재에서 이러한 독서와 변화를 위한 도전을 계속한다면 지속적인 발전이 있을 것 같아요."

"지속적인 발전과 더불어 거대한 변화에 대응하게 되는 것입니다. 저에게는 이러한 방식이 마치 공장의 자동화공정처럼 돌아갑니다. 본질을 추구하는 독서를 통해 질문을 도출하고 변화의 적용점을 찾는 게 습관화되면 그 다음부터는 변화가 변화를 만들고 때로 변형을 이루어 빅뱅이 일어납니다. 제가 본질을 추구하는 삶을 지속했을 때, 제 머릿속에는 다양한 사고의 통합과 융합이 일어납니다. 앞서 보았던 『레밍 딜레마』와 『핑』은 모두 자연 생태계 속에서 인생의 변화를 도출해낸 것이죠. 이런 방식으로 '자연'에서 찾아낸 제 나름대로의 통찰을 모으면 아마 한 권 이상의 책을 쓸 수 있는 아이템이 나올 겁니다."

"폴샘, 정말 멋진 목록이에요. 이제 본질에 대해서는 충분히 이해한 것 같아요. 본질과 현실의 변화를 연결하는 다리도 이해가 되었습니다. 이렇게 해서 본질이 탄탄한 사람은 변화를 스스로 만들어가는 것이겠지요. 그럼 지금부터는 변화에 대해 듣고 싶어요. 어떻게 매일의 변화와 시대적 변화를 읽고 파악하는지 궁금해요. 변화 그 자체를 느끼고 받아들이는 방법이 있을 것 같아요. 특히 베이스캠프인 이 서재에서 그 변화를 어떻게 관리하는지도 듣고 싶어요."

"제 경우는 변화가 저를 찾아와서 노크를 합니다. 그것도 매일 새벽에요!"

P는 미란에게 다음 인터뷰는 조금 일찍 오라고 당부하였다. 변화에 대응하는 삶을 인터뷰하기 위해 특별히 부탁한 것이다.

미래학자는 현재의 신문을 본다

'툭!'

아파트 문 앞의 바닥을 치는 가벼운 소리가 들린다. 주의 깊게 마음을 기울이지 않으면 들리지 않을 정도의 작은 소리이다. 시계는 새벽 4시 30분을 가리키고 있다. 일곱 개의 신문이 종류별로 가지런히 놓여 있다. P는 한 번도 배달하는 사람의 얼굴을 본 적이 없다. 이사를 갈 때마다 전화로 신문을 신청하기 때문이다. 배달하는 사람에게 P는 VIP이다. 일곱 개의 신문을 보는 고객이기 때문이다.

서재와 함께 했던 20년의 시간 동안 매일 아침 P의 일상은 이렇게 시작되었다. P는 신문을 가지고 들어와 하루의 첫 일과를 시작한다. 신문을 모두 읽고, 커피와 함께 하루를 시작하는 시간에 미란이 서재를 찾았다.

"제 평생의 베이직라이프는 크게 네 가지였고, 이 서재는 그러한 네 가지 습관의 결과입니다. 두 번째 습관은 바로 '신문읽기'입니다."

"신문읽기가 책을 선정하고, 시대의 변화를 읽어가는 데에 가장 중요한 습관이라는 얘기인가요?"

"책을 선정하는 것은 단순히 베스트셀러 순위를 확인하는 차원이 아닙니다. 책 선정은 시대변화 그리고 자신의 생애변화를 읽어내는 힘에서 비롯되는 것입니다. 그렇기에 저는 가장 본질적인 습관을 통해 시대흐름을 읽고 변화를 주도하는 방법을 소개하고자 합니다."

"그런데 혹시 여기 있는 이 신문들을 매일 다 읽는 건 아니시죠? 그러기에는 너무 종류가 많은 것 같은데……."

"맞습니다."

"그래요. 바쁜 일정에 언제 신문을 다 읽을 시간이 있겠어요. 그것도 일곱 개씩이나."

P의 신문 사랑은 20년 된 습관이었다. 그가 신문을 읽는 방식은 '읽기'라고 하기에는 뭔가 어색하다. 그냥 신문을 본다. 신문에 대해서 그는 '읽기'라고 하지 않고 종종 '보기'라고 표현한다. 만약 신문 7종을 제대로 읽으려면 오전 6시간을 다 써도 부족하다. 그래서 그는 시간을 정해 둔다. 1시간 정도가 신문보기의 마감시간이다. 어떻게 읽을까. 일단, 신문걸이에 7종의 신문을 장착한다. 그런 다음 매우 빠른 속도로 훑는다.

1단계는 훑기Preview단계이다. 정말 빠른 속도로 제목만 보며 넘어간다. 그러면서 눈으로는 읽어야 할 내용을 결정한다. 2단계는 선정Select단계이다. 훑기와 선정단계는 동시에 진행된다. 3단계는 편집Edit단계이다. 빠른 속도로 넘기면서 카메라로 촬영을 하는 것이다. 여기까지가 일단 서재에서 이루어지는 신문보기의 전체 단계이다.

　그리고 보니 신문을 읽지는 않는다. 그렇게 해서 스마트폰 카메라로 촬영한 신문기사들은 자동으로 N드라이브에 업로드된다. 폴더에 저장된 신문을 실제로 읽는 것은 교통편으로 이동을 하거나, 하루 중 짬이 나는 중간시간을 사용한다.

신문보기의 단계 구성

1단계~3단계. 훑기
선정, 편집

4단계. 읽기
이동 중, 클라우드 활용

5단계. 보존
블로그 주제별로 기사 관리

신문을 스크랩해 주는 서비스

신문사의 지면 전체 서비스 화면 (각 신문사)

신문 지면 종합 스크랩 서비스 (파오인)

P는 자신의 신문 보기 역사와 신문 보기 단계를 미란에게 설명해 주었다. 매일 아침 50개 정도의 새로운 기사파일을 스마트폰에 탑재한 상태에서 하루를 시작하는 그의 삶은 일주일만 지나면 300개 이상의 기사가 쌓일 것이고, 그 기사를 주제별로 블로그 폴더에 넣으면 각 주제별로 지식이 축적되는 것이다. 말 그대로 지식축적의 베이직라이프이다.

"하지만 이러한 신문 보기는 최근 저의 지식 역사에서 사라졌습니다."

"사라지다뇨? 이제 신문을 안 읽으세요?"

"아닙니다. 신문을 보는 방법을 결국 바꾸었습니다. 신문지면을 일일이 촬영하지 않고도 쉽게 볼 수 있는 신문사 서비스와 그러한 신문기사를 아예 모아서 스크랩과 편집까지 가능한 서비스가 이미 보편화되었기 때문입니다."

사실 P는 오랜 시간 두 가지 방법을 병행해 왔다. 종이신문을 보는 것과 온라인 스크랩 서비스를 동시에 이용했다. 마치 종이책을 절대로 포기하지 않겠다는 의지가 신문에도 반영된 것처럼. 그러나 결국 그는 최근 어쩔 수 없이 한 가지를 선택하였다.

미란은 P의 표정이 매우 심각하다는 것을 깨달았다. 종이 신문과 스크랩 서비스 사이에서 정말 진지하게 고민을 했던 것 같다.

P는 알고 있었다. 세계적인 미래학자의 대부분은 신문읽기를 통해 미래를 분석한다. 다시 말해, 현재를 분석하여 미래의 다가올 변화를 분석한다는 것이다.

"폴샘, 신문이 그렇게 중요한 건가요?"

책이 쏟아지는 속도 따라가기

"신문은 정말 중요합니다."

"책보다 중요할까요?"

"책 읽기와 병행되어야 하고, 순서적으로는 책 읽기보다 우선되어야 한다고 봅니다."

"왜 그렇죠?"

"어떤 책을 읽어야 할지, 독서의 목적이 바른지 판단하는 기준이 되기 때문입니다."

"신문이 변화를 보는 기준을 만들어준다는 얘기이군요."

"네, 어떤 책을 선정해야 하는가에 대한 답변으로 신문을 강조하고 있는 겁니다. 책은 시대적 담론을 포함하고 있지만, 신문은 시대의 변화를 매일 보여줍니다."

"책이 그 시대의 생각과 사상을 담고 있지만, 변화의 속도를 담기는 어렵다는 것인가요?"

"물론 책이 만들어지는 속도도 매우 빠르고 날마다 많은 신간이 쏟아지고 있습니다. 다만, 책의 특성상 한 권의 책을 다 읽고 그것으로 변화를 이해하기에는 신문보다 오래 걸린다는 것입니다. 그리고 책 선정의 기준을 책 자체를 보고 고르기도 어렵고요."

"왜 그렇죠?"

"책이 워낙 많이 출간되고 있으며, 독자의 선택을 받기도 전에 시야에서 사라지기 때문입니다."

"그래서 책을 선택하는 기준은 신문에서 찾고, 변화의 깊이는 책에서 찾으라는 것이군요."

오늘의 신간이 내일은 구간이 된다. 작가들에게는 다소 억울한 현실일 수 있다. 오랜 지식생산의 결과물로 한 권의 책을 세상에 내놓았는데, 사람들의 눈에 들기도 전에 단 하루 만에 신간 페이지 화면에서 사라진다. 도대체 책이 얼마나 많이 만들어지고 있는 것일까. P는 화면을 열어, 파일 하나를 보여주었다. 바로 매월 등록되고 있는 신간목록이다.

"매월 출간되는 신간 목록을 이렇게 확인하세요?"

"네. 확인합니다. 습관적으로 목록을 보관하고, 그냥 한 번씩 훑어보는 거죠."

"그런데 정말 이게 매일 출간되는 책들인가요? 매월 3500권 정도의 책이 새로 쏟아지는군요."

"그럼 하루에 나오는 신간이 몇 권 정도 되는지 답이 나오죠. 최소 100권 이상이 매일 매일 신간 코너에 등장하는 겁니다."

책을 선택하는 것에는 딜레마가 존재한다. 쏟아지는 새 책을 따라가기도 버겁고 그러한 책 중에 좋은 책을 선정한다는 것도 어렵다. P는 단순히 어떤 책이 좋은 책이고, 어떤 책을 선정하는 것이 중요한 것인지를 말하기 전에 책을 시대적으로 들여다보는 시각과 통찰하는 것에

미의회도서관 / 약 2000만 권

하버드대학도서관 / 약 1600만 권

국립중앙도서관 / 약 900만 권

서울대중앙도서관 / 약 300만 권

대한 이야기를 해 주고 싶었다.

　P는 태블릿에 있던 다섯 장의 사진을 출력해서, 화이트보드에 붙여 주었다. 대표적인 큰 도서관과 장서규모를 알 수 있는 사진이었다.

　"책이 정말 많군요. 죽을 때까지 읽어도 읽을 수 없겠는데요."

　"미란 선생은 책을 많이 읽기로 유명한 사람이지요. 그럼에도 이 많은 책을 따라가기는 불가능할 겁니다. 그렇기에 더더욱 어떤 책을 선정하고 읽을 것인지가 중요해지는 거죠."

신문을 통해 변화를 이해하지 못한다면 근본적으로 그 결과가 독서에서도 나타날 수 없다. 어떤 책이 변화의 중심에서 필요한 책인지, 그 변화에 대응하기 위해 나에게 필요한 책이 무엇인지 판단할 힘이 없기 때문이다. 그래서 신문읽기는 책 읽기보다 선행되어야 한다.

"폴샘, 그런데 변화 읽기와 책 읽기에 대한 건강한 순서는 그나마 책을 읽는 사람들에게나 해당되는 것 아닌가요? 제가 알기로 최근에는 책 읽기 자체도 너무 싫어하는 분위기라서요."

P는 지식세대의 독서량이 점점 감소하고 있다는 것을 알고 있었다. 한 달에 한 권도 채 읽지 않는 사람들이 많다. 책을 사는 데 쓰는 한 달 지출액이 평균 1만 6878원이다. 그마저도 해를 거듭할수록 낮아지고 있다. 팔리는 책의 60%가 학습지와 참고서이고, 20%는 유아용 전집이며, 10%는 외국어를 공부하는 책이다. 나머지 10% 중에 단행본 책 판매는 7% 정도이다. 그야말로 순수한 독서를 하기 위한 책 구입이 사라져가고 있는 것이다.

변화를 보는 눈

"미란 선생은 자기계발서를 읽다가 무릎을 치면서 인생을 돌아본 적이 있는지요?"

"물론 있었죠. 심지어 논술 분야 책을 읽다가 거기에 실린 글귀 때문에 삶의 방향을 바꾼 적도 있었어요. 이런 경험은 폴샘이 더 많지 않으세요?"

"네, 다만 통찰과 성찰, 비판과 반성, 몰입과 소통, 결과와 과정, 방향과 방법 등 워낙 경계선을 잘 넘나들다 보니 때로는 기술서적을 읽다가도 그 빈 여백에 성찰의 글을 남기기도 합니다. 책 선정의 주도력을 가지고 오랜 시간 주도적인 독서를 한 사람들은 융합의 내공이 강해집니다. 다만 단계는 필요합니다."

"일정 기간 동안 책 선정의 주도력을 충분히 적용해 보아야, 경계를 넘어설 수 있고, 자유로워진다는 말씀이죠? 그렇다면 이쯤에서 다른 질문을 하나 하고 싶어요. 각자 자신의 주도적인 책 선정이 필요하지만, 많은 사람이 읽었다고 하는 '베스트셀러'를 따라 읽는 것은 사라져야 할 모습일까요?"

"미란 선생, 여기에는 조심해야 할 양면성이 있습니다. 저는 베스트셀러를 무조건 경계하는 것에 동의하지 않습니다. 책 선택의 주도력이 없는 상태에서 귀가 얇아지는 것은 반드시 경계해야 할 일이지만, 주도력을 가진 상태에서 베스트셀러를 살피는 것은 매우 건강한 접근법이기 때문이에요. 지식세대들은 집단지성의 힘을 신뢰합니다. 즉 일정 수 이상의 사람들이 구입하고 읽었다는 것은 그 나름의 '이유'가 있다는 것입니다. 최근에는 많은 사람이 베스트셀러의 오류와 조작 등에 대해 문제제기를 하지만 제 생각은 조금 다릅니다. 그 어떤 인위적인 접근이 있다 할지라도 지식세대의 집단지성은 이것을 걸러내고 자정할 만한 힘이 있다고 생각해요. 누군가 이익을 위해 같은 책을 사재기

방법으로 인위적인 베스트셀러를 만들었다고 가정해도, 랭킹에 올라간 그 책을 순수하게 개인적인 판단으로 사서 읽은 사람들이 실제 책의 내용을 만나면 그 책이 진정한 베스트셀러 수준인지 파악 가능하다는 것이죠. 책에 대한 평가는 입소문이 나기 마련이며, 매우 짧은 기간 안에 검증이 일어납니다. 제가 너무 낙관적인가요?"

"폴샘 생각에 동의합니다. 저 역시 베스트셀러를 유심히 관찰하고 일단 관심을 가지고 보거든요. 어찌 보면 베스트셀러 랭킹 자체가 책 선정의 시간을 단축시켜서 조기에 검증을 해주는 역할도 한다고 봐요."

"베스트셀러는 시대에 민감한 반응을 나타냅니다. 지식세대의 판단은 그 시대를 반영해 주기에 충분한 것이죠. 제가 시대의 변화를 읽어내는 방법 중에 또 하나가 바로 베스트셀러입니다. 여기서 제가 숨겨두었던 특별한 서재를 공개하죠."

P는 아이패드를 가져와 아이북스ibooks를 보여주었다.

"미란 선생, 베스트셀러는 그 시대를 반영합니다. 베스트셀러의 흐름을 보면, 그 시대가 무엇을 지향하고 있는지 알 수 있습니다."

"폴샘, 정말 멋진 태블릿 서재입니다. 부러워요. 그런데 이렇게 보니, 각 시대별로 사람들이 좋아하는 책의 패턴이 있을 것 같아요. 시대상이 반영되었겠죠?"

"네, 그렇습니다. 각 개인들은 사람들이 많이 보는 책을 따라갈 수 있지만, 그것이 큰 세대를 이루는 단위의 선택이라면 나름의 이유가 있다고 봅니다. 이 부분에 대해서 『베스트셀러 30년』이라는 책에서는 각 연도별 베스트셀러의 특징을 이렇게 정리해 놓았습니다. 한번 볼까요?"

연도별 베스트셀러의 특징

년도	해당 연도 베스트셀러를 대표하는 카피
1981	하느님을 찾는 절규가 넘치고 각종 예언서가 상종가를 치다.
1982	5공화국 정부의 3S정책으로 황금만능의 대중소설이 서점가를 장악하다.
1983	산업시대에 맞는 인간형을 촉구하는 심리처세서가 만개하다.
1984	역사소설의 '정치성'에 흠뻑 빠지고 '김지하'라는 횃불에 넋을 잃다.
1985	이해인의 시와 도인의 초능력에 취해 현실의 고단함을 잊다.
1986	대형광고가 등장하면서 출판의 양극화가 본격화하다.
1987	개인의 결핍을 노래한 서정시와 소설, 그리고 플라토닉 사랑에 빠져들다.
1988	민주화의 열기에 맞춰 다양한 출판물이 생산되기 시작하다.
1989	급변하는 세계정세에 적응하는 새로운 원칙과 기본이 관심을 끌기 시작하다.
1990	이념서가 아닌 경제서와 과학서, 그리고 과도한 욕망의 주인공 소설을 즐기다.
1991	쿼터리즘의 '인스턴트 출판물'이 크게 유행하고 국제 흐름에 눈을 뜨다.
1992	역사인물 소설이 소설시장을 휩쓸고, 평범한 개인의 솔직한 자서전이 출현하다.
1993	문민정부의 거센 개혁 바람 속에 민족주의적인 정서가 강하게 흐르다.
1994	민족주의적인 분위기가 고조되고 여성 스타작가들이 등장하다.
1995	자기계발서와 실용서가 압도하고 자전적 에세이에 심취하다.
1996	불안한 개인을 위로하는 소설과 일상성의 인문서가 부각되다.
1997	평범한 사람들의 소박한 이야기에 감동하다.
1998	따뜻한 이야기가 대중을 압도하고 장르소설이 기지개를 켜다.
1999	우상파괴 본능이 작동하면서 기존의 가치들을 전복하는 책들이 넘치다.
2000	나와 가족에 대한 맹목적인 헌신을 요구한 자기계발서와 대중소설이 점령하다.
2001	서사, 상징, 신화의 세계와 대중소설에 깊이 빠져들다.
2002	월드컵의 열기와 세계적인 불황 속에 영상과 결합한 책들이 이례적인 활기를 띠다.
2003	인터넷 소설과 카툰에세이 등 인터넷 문화가 인기를 끌고 절박한 개인 부각되다.
2004	지루한 정치공방과 진부한 정치담론에 시달린 대중이 자기 상상력을 추구하다.
2005	산업화시대에서 벗어나 지식노동자 시대에 확실하게 적응했음을 보여주다.
2006	'성공'을 포기하고 자기만족의 '행복'으로 삶의 태도를 바꾸다.
2007	일과 개인생활에서 철저하게 이기적인 성향을 띤 '현명한 삶'을 추구하다.
2008	성장소설에 심취하고 자기치유의 거센 열풍에 빠져들다.
2009	세상의 순리에 순응하려는 움직임을 보이며 진정한 소통을 꿈꾸다.

"1982년의 3S는 무엇인가요?"

"1980년대 국민의 관심을 3S로 돌리려는 5공화국의 정책이 있었습니다. 여기서 3S는 스포츠, 섹스, 스크린입니다. 이에 흐름을 같이하여 황금만능을 그린 대중소설이 팔리기 시작했던 거죠."

"1991년의 쿼터리즘은 또 뭐죠?"

"쿼터리즘quarterism은 어떤 일에 15분 이상 집중하기 힘든 현상을 말합니다. 인터넷 사용이 일상화되면서 청소년들 사이에서 습관처럼 형성된 인내심을 잃어버린 청소년의 사고 또는 행동양식을 일컫는 말이죠."

"베스트셀러 30년 역사를 분석한 이가 있었네요. 대단한 분인 것 같아요."

"저 역시 이런 출판평론가들을 진심으로 존경합니다. 한 번도 만난 적은 없지만, 인터뷰 기사나 칼럼 그리고 저서들을 빠짐없이 읽고 있지요."

시대의 흐름을 읽는 빅히스토리 독서

"폴샘, 단순히 책을 선정하는 수준이 아니라, 책을 바라보는 기준, 주도력을 배운 것은 저에게 큰 지적 도전이었습니다. 또한 국내 베스트

188

연도별 10대뉴스

※출처 - 신문박물관, 방송사 홈페이지

셀러의 역사를 이해하고, 각 연도별 베스트셀러 책을 e-book으로 아이패드에 세팅한 것은 정말 놀랍네요.”

“시대의 흐름을 이해하는 것에 대해 부담을 갖지는 마세요. 오늘 초반에 이야기를 나눴던 신문읽기가 가장 정직한 방법이니까요. 신문 박물관 또는 각 방송사의 연도별 10대 뉴스를 추적해서 보면 거의 40년간의 이슈 흐름을 이해할 수 있을 겁니다.”

P는 2개의 이미지를 출력해 화이트보드에 붙였다. 1960년대부터 2000년대까지의 10대 뉴스들을 정리한 것들이다.

"폴샘, 자료를 보니 한 가지 궁금한 게 떠올랐어요. 변화의 흐름을 이해하는 방법으로 유독 역사와 과거의 흐름을 포기하지 않으시는 것 같아요."

"눈치를 채셨군요. 사실 저의 관심은 현재와 미래입니다. 그런데 현재를 보는 가장 깊은 통찰은 과거에서 옵니다. 과거 위에 세워진 현재를 분석하는 것이 바로 미래를 읽어내는 최선의 방법이에요. 자, 지금부터 라이브러리의 몇 개의 북 코너를 보실 겁니다. 변화를 읽어내는 방식을 서재 구성의 측면에서 함께 생각해 보려고 합니다."

P는 미란을 데리고 라이브러리의 코너로 이동하였다. 그곳에는 미래학과 미래 트렌드만을 다루는 책들이 가득했다. 그야말로 미래통찰

북코너 - 미래학

북코너 - 트렌드를 반영하는 책

의 책만 모아 둔 곳이었다.

"엘빈토플러, 존 나이스비트, 다니엘 핑크…… 세계적 대가들이 다 모여 있네요."

"미란 선생, 혹시 이분들이 어떤 방법으로 미래를 예측하는지 아세요?"

"이전에 알려주셨잖아요. 신문읽기!"

"맞아요. 존 나이스비트 같은 사람은 신문읽기만 10시간 이상을 하기도 해요. 저는 그저 이런 이들을 흉내 내고 있는 수준이죠."

"폴샘, 직접적인 미래연구서의 내용이 조금은 어렵다는 의견이 많아요."

"제가 보고 있는 미래학서적은 사실 기본기를 닦는 버전입니다. 정작 미래를 살피는 즐거운 방식은 따로 있어요. 미래를 보기 위해 과거를 보고, 과거를 통해 현재를 보지만 그 과정이 두부 자르듯 쉽게 구분되는 것은 아닙니다. 그래서 다양한 방식으로 '흐름'을 보는 연습을 지속해 왔습니다."

북코너에는 독특한 제목의 책들이 보였다. 스눕, 아웃라이어, 스위치, 스터프, 핫스팟, 리들, 스캣, 플로어 등 영문을 한국어로 번역하지 않고 그대로 보여주는 책들이다.

"용어가 어려운 책들만 모여 있네요. 하지만 눈에는 잘 들어와요."

P는 시대의 변화를 읽기 위해 독서의 키워드를 따라가는 방식을 사용한다. 자신만의 방법을 미란에게 소개하기 위해, 테블릿을 열어 슬

라이드를 보여주었다. 각 시대별 지식의 이슈를 다루는 키워드별로 책을 읽고 그것을 정리해 둔 것들이다.

"폴샘, 책 제목 자체가 시대를 대변하는 중요한 키워드인 것 같아요."

"맞습니다. 물론 여기에도 한계는 있어요. 주로 번역서 위주입니다. 제가 직접 해외 연구동향과 학문 및 비즈니스의 흐름에 접근하기에는 아직 역량이 부족합니다. 그럼에도 이 정도 이슈를 따라간다는 것은 저에게 큰 행복이죠."

"자세히 보니 한두 명의 저자 책이 자주 등장하기도 해요."

"관찰을 잘 하시네요. 그렇습니다. 세계적인 지식이슈메이커들은 시대적 키워드를 스스로 생산합니다. 예를 들어, 말콤 글래드웰은 『티핑포인트』, 『블링크』, 『아웃라이어』 등으로 시대적 지식흐름을 주도하고 있죠."

P는 2011년 이후의 변화와 지식키워드를 대변하는 책의 라인업을 정리한 슬라이드를 추가로 보여주었다.

"폴샘, 마치 영화제목 같아요."

"이런 방식의 책을 서재에 라인업하고, 그 내용의 추이를 따라가는 습관이 생기면 그 다음부터는 이런 책 제목이 눈에 빨리 들어옵니다. 패션의 트렌드가 있듯이, 지식에도 트렌드가 존재해요. 현재와 미래를 읽는다는 것은 바로 이런 지식 트렌드를 적절한 속도로 따라가는 즐거움을 포함하죠."

"폴샘, 변화에 대해서 이야기할 때 새 책이 나오고 밀리는 속도를 얘기해 주셨잖아요. 궁금한 게 있어요. 책을 선택하는 기준은 알겠는데 아무리 생각해도 책이 쏟아지는 속도와 변화의 속도를 보았을 때 읽는 속도가 따라갈 수는 없을 것 같아요. 여러 책을 읽는 중에 새 책이 독서에서 밀리고, 막상 그 책을 읽는 순서가 되었을 때는 그 내용이 시대에 밀릴 수도 있잖아요. 이 속도의 완급조절을 어떻게 하는지요?"

WAIT Book. 그의 서재에는 기다리는 책들이 있다. 꼭 필요한 신간은 일단 구입해서 WAIT 코너로 이동한다. 그 이후에는 독서 속도와 시대의 변화 등 여러 가지를 고려하여 읽는 순서가 정해진다. 어떤 책은 기다리다가 읽히지 못하는 경우도 있다. 시간이 흘러 시대적으로 전혀 맞지 않는 내용이 되기 때문이다.

북 코너 - WAIT 기다리는 책들

저의 롤모델은 모두 이곳 베이스캠프의 수많은 책과 연동되어 있습니다. 서로가 서로를 소개해 주어 새로운 만남이 수시로 일어납니다.

서재는
희망을 찾는 인간극장

"폴샘, 베이스캠프에 숨겨진 베이직라이프 즉, 일상에서의 지식축적을 위한 첫 번째 빙산은 독서, 두 번째 빙산은 신문, 그렇다면 세 번째 빙산은 무엇인가요? 그림을 보아서는 잘 모르겠어요."

베이직라이프를 이루는 4개의 습관 빙산

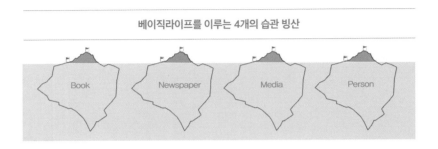

P는 세 번째 빙산과 네 번째 빙산의 아래 부분을 모두 채워서 그려주었다. '미디어'와 '사람'이라는 키워드가 들어있다.

"변화를 이해하고 주도하는 최선의 방법은 신문입니다. 그러나 그 변화를 더욱 따뜻하게 이해하고, 사람들의 감성을 변화에 대응하도록 하는 가장 좋은 방법은 바로 영상 즉 '미디어'입니다. 이 서재 안에는 책과 신문뿐 아니라 미디어가 가득합니다. 바로 이곳 베이스캠프에서 저는 오랜 시간 동안 미디어를 축적하고, 연구하며 가공한 뒤, 가치로 재생산하는 작업을 진행하여 왔습니다."

P는 사진 한 장을 출력하여 갤러리 화이트보드에 붙여 놓았다. 미디어를 주제로 먼저 나눌 대화의 소재인 것 같다.

"폴샘, 촘촘하게 붙인 이 큰 사진은 뭔가요?"

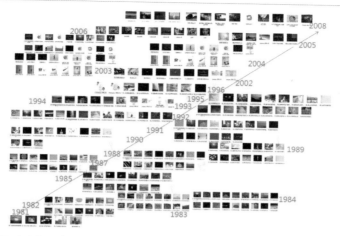

공익광고 미디어 30년 역사 Big Picture

시대를 읽어내는 다른 방식

사진은 P의 클라우드 폴더를 캡처한 것이다. P는 실제로 화면에 있는 수많은 영상이 들어있는 태블릿을 열어, 영상 한 편을 보여주었다. 미란도 본 적이 있는 영상이었다.

사랑하는 연인이 만났지만, 서로 스마트폰을 하느라 대화가 없다. 자녀의 생일잔치에 부모는 스마트폰을 보느라 고개를 숙이고 있다. 말 그대로 묵념하는 자세이다. 고등학교 반 대항 농구를 하는데 학생들의 열광 소리가 없다. 고개를 숙이고 스마트폰 묵념 중이다. 결혼식에 참석한 하객들이 축하를 하지 않고 고개를 숙이고 있다. 잃어버린 관심

197

잃어버린 대화에 대한 묵념

잃어버린 가족에 대한 묵념

잃어버린 열정에 대한 묵념

잃어버린 관심에 대한 묵념

※출처 - 한국방송광고진흥공사

에 대한 묵념이다.

"정말 너무나 공감이 잘 되는 영상이에요. 어쩌면 요즘 세태와 이렇게 딱 맞죠."

"미란 선생의 얘기에 답이 있습니다. 공익광고는 시대 분위기를 가장 잘 반영합니다."

"그렇다면 공익광고로 시대를 발견할 수도 있다는 얘기이군요."

"시대를 발견하는 것을 넘어, 시대와 시대의 변화까지 읽어낼 수 있습니다."

"공익광고로 시대의 변화를 어떻게 발견할 수 있을까요?"

P는 기다렸다는 듯이 '한국방송광고진흥공사' 인터넷 홈페이지에 들어가서 한 화면을 보여주었다. 연도별 분류에 들어가 1981년의 공익광고를 열었다. 1981년의 공익광고에는 '풍요로운 내일', '아끼세요', '우리는 모두 이웃', '의자', '새해 새 희망'이라고 뜬다. 이 중에 '아끼세요'의 영상을 재생해 보았다. '에너지 절약'이라고 적힌 물방울 그림이 새겨진 촌스러운 옷을 입은 장발의 꼬마가 달려가면서 에너지 절약을 실천하는 내용이 나온다.

그 다음에는 2014년의 공익광고 화면으로 넘어갔다. 2014년에는 아동안전/보호, 개인정보 보호, 사회화합과 소통, 스마트폰 중독 등의 광고제목이 나열되어 있다. 이렇게 1981년과 2014년의 공익광고 목

공익광고

신문 보며 TV 켜놓기

TV 켜놓고 자기

대낮에 켜 있는 보안등

에너지 절약 마크

※출처 - 한국방송광고진흥공사

록과 실제 영상을 비교해 보았다.

"미란 선생이 보기에 33년간의 격차가 느껴지나요?"

"이미 화질 면에서 33년의 격차가 보이는데요. 그 시대가 무엇을 중요하게 여기고 있는지 보여주는 것 같아요."

"그런데 사실 공익광고는 그 시대가 무엇을 중요하게 생각하는지를 보여준다기보다는, 그 시대의 가장 중요한 결핍 요소를 회복하는 차원이 강합니다. 미란 선생이 보기에 2014년에 가장 심각하게 훼손된 가치, 혹은 가장 심각한 문제는 무엇이라고 생각합니까?"

"음, 가족개념이나 소통 등이 훼손된 가치라고 생각되는데, 심각한 문제는 이기주의, 성 상품화, 인터넷과 모바일 중독 등이 아닐까요? 어쩌면 이러한 문제 요인 때문에 중요한 가치가 훼손된 것일 수도 있겠네요."

"방금 이야기한 문제요소, 결핍요소, 잃어버린 가치가 모두 2014년의 공익광고에 들어 있습니다."

"정말 그러네요. 공익광고는 그 시대를 반영하고, 잃어버린 가치, 중요한 가치 등을 보여주는 것이군요."

"저는 이것을 '박물관 효과'라고 부릅니다."

"박물관 효과요? 처음 듣는 용어인데……."

"하하! 당연합니다. 제가 만든 것이니까요. 저는 이런 용어를 잘 만들어냅니다. 지식에 새로운 의미를 부여하는 저만의 방식이죠. 박물관 효과란, 어떤 한 가지 리소스에 접근했는데, 그 리소스가 만약 시대를 아우르는 데이터를 보유하고 있을 경우, 그 속에서 과거와 현재 그리고 미래의 변화를 읽어낼 수 있다는 것입니다."

P의 서재에는 책뿐만 아니라 그에 못지않은 미디어가 가득하다. 그는 10년 이상 미디어에 관심을 가지고 미디어를 축적했고 다양하게 활용했다.

"폴샘, 어떤 방법으로 리소스에 접근하고, 미디어를 축적하는지 궁금해요."

"성실함이 필요합니다. 특히 이 시대는 데이터, 소스, 프로그램 제작 코드를 오픈하는 시대입니다. 영화나 노래를 불법으로 유통하는 것과 같은 악의적 접근과는 다른 차원의 소스 소통 시대를 말합니다. 예를 들어, 대부분의 기업과 정부는 미디어광고를 제작하되, 그 데이터를 오픈합니다. 세상을 위해 더 많이 소통해 달라는 거죠."

미란은 P가 보여주는 화면을 자세히 들여다보았다. 미디어에 담긴 내레이션이 오른쪽에 스크립트로 들어 있어 내용을 자세히 확인할 수 있었다. 그리고 하단에는 동영상 퍼가기가 있다. 블로그, 유튜브, SNS 등 함께 공유하기를 권하고 있는 것이다.

"저는 이렇게 해서 1981년부터 현재까지의 공익광고를 모두 보았습니다. 그리고 이것은 제가 미디어를 통해 세상을 이해하고 지식의 흐름을 파악하는 여러 가지 방법 중에 하나입니다. 저는 미디어를 포기할 수 없어요. 미디어가 주는 힘은 그 어떤 것보다 매력적이기 때문이죠."

서재 속 새로운 세상

영화, 광고, 다큐멘터리, 그리고 과거와 현재를 넘나드는 다양한 미디어에 대한 그의 지식은 어떤 방식으로 형성되는 것일까?

P는 미란에게 의자에 앉을 것을 권하였다. 이전에 왔을 때는 의자에 앉을 새도 없이 전시된 지식박물관을 구경하기에 바빴었다. 미란이 의자에 앉는 순간, 이전에는 보이지 않던 것들이 갑자기 눈에 들어오기 시작했다.

"이게 다 뭐예요? 원래 여기에 이런 게 있었나요?"

"지난번에 이곳에 왔을 때는 미란 선생의 관심이 온통 여기 있는 지식바인더들과 지식의 역사에 있었어요. 그런데 오늘은 의자에 앉는 순간 마치 처음 보는 것처럼 눈에 들어왔을 겁니다."

노트북 4대, 모니터 2개, 대형LED, 그리고 뭔가 알 수 없는 둔탁해 보이는 쇠뭉치들이 여러 개 있다. 이것은 모두 P의 미디어시스템이다. 영화, 다큐멘터리, 광고, 교육용 영상들이 체계적으로 분류되어 있다. 각 방송사가 자체 프로덕션을 통해 DVD로 판매했던 것은 물론, 희귀한 역사자료까지 그는 서재의 책을 구입하는 수준으로 세팅을 해놓았다.

"폴샘, 여기 있는 것들은 각기 용도가 다른가요?"

"맞습니다. 저는 이런 방식을 제 롤모델로부터 배웠습니다."

"롤모델이요?"

P는 2005년 경향신문을 읽다가 사진 한 장에 정신을 빼앗기고 말았

이어령 교수 자택 서재

2005년 이어령 교수를 흉내 낸 P의 옥탑방 서재

※출처 - 경향신문. 2005년 3월

다. 이미 나름대로는 디지털 서재를 꿈꾸며 살았다 자부하였지만, 당시 71세였던 이어령 교수의 서재기사를 보고 뒤통수를 얻어맞은 것처럼 충격에 빠졌던 것이다.

이 교수의 서재에는 각각의 용도가 다른 4대의 컴퓨터가 있었다. 그는 모니터 2대를 붙여서 듀얼모니터를 쓰고 있었고, 그 당시 젊은 사람들도 잘 쓰지 않던 생소한 프로그램들을 사용하고 있었다. 프로그램명을 그대로 나열하자면 디스크 키퍼, 웨어 이즈 잇, 골든 섹션, 겟 인투, 스마트 싱크프로 등이었다. 더군다나 당시 국내에서는 개발되지도 않았던 디지털 문자인식 펜 스캐너를 사용하고 있었다.

P는 얼마 지나지 않아 이사를 하게 되었고, 옥탑방에 디지털 서재를 별도로 만들어 기기들을 세팅하였다. P는 현재의 디지털 서재가 어떤 과정을 거쳐서 만들어진 것인지 미란에게 추억을 더듬으며 설명을 덧붙여주었다.

203

"폴샘, 이런 디지털 미디어기기들이 각기 역할을 충분히 하고 있나요?"

"네, 동영상을 편집하는 컴퓨터는 가장 성능이 뛰어난 슈퍼컴퓨터이고요. 미디어의 리소스를 보관하는 저장장치와 편집을 통해 가볍게 자료로 바뀐 파일은 별도의 저장장치에 보관합니다. 그리고 결정적으로 그렇게 해서 최종적으로 사용가능하게 바뀐 미디어는 저의 가방 속 모바일 노트북에 언제든 업데이트됩니다. 바로 그 영상들이 강의 현장에서 필요에 따라 자유자재로 사용되는 것들입니다."

P는 저장장치 하나를 열어서 미디어 리소스를 보여주었다. 지식채널, 테드강연, 영화 등 많은 분량의 미디어가 단정하게 정렬되어 있었다.

"폴샘, 이러한 리소스가 사용가능한 상태로 편집된 폴더를 보여줄 수 있으세요. 그 누구도 본 적이 없는 폴더라고 하지만, 기왕 서재를 오픈한 마당에 좀 보여주시면 안 될까요?"

감성, 공부, 극복, 기록, 나눔, 독서, 리더, 멘토, 목표, 문화, 미래, 사명, 선택 등 가나다순으로 각각의 주제별로 미디어파일이 한 폴더 안에 수천 개가 정리되어 있다. P가 이미 내용을 이해하고, 충분히 고려한 뒤에 사용가능한 부분만 편집하여 가벼운 사이즈의 파일로 변환시켜 놓은 것들이다.

"폴샘, 혹시 이러한 방대한 미디어 지식체계가 자칫 미디어 하나하나의 깊이 있는 탐색을 방해하지는 않을까요? 미디어를 수단화하는 부분에 대한 우려가 들 수도 있잖아요."

"타당한 문제제기입니다. 독서와 마찬가지로 미디어 역시 넓이[Width]와 깊이[Depth]의 차원으로 접근하는 균형이 필요합니다."

미디어의 넓이[Width]와 깊이[Depth]

"미란 선생이 말한 문제제기는 두 가지 측면에서 의미가 있어요. 일단 미디어가 영화, 다큐멘터리 또는 예술작품일 경우 그 자체의 순수함, 제작의도 등이 훼손되지 않아야 한다는 것은 기본적으로 존중해야 합니다. 즉 영화 한 편을 보면서 '뭔가 주제와 교훈, 그리고 꼭 적용할 점을 찾아낼 거야.'라고 보는 것은 너무 슬픈 거죠. 제작의도, 작가주의, 작품성, 예술성, 아름다움 그 자체는 그 자체로 존중해야 한다고 생각해요. 저 또한 영화를 볼 때는 그 순간 그 자체로 행복하게 몰입합니다. 이 방에 있는 60인치 화면 LED는 그런 영화와 작품의 아름다움을 가장 잘 느끼기 위한 환경입니다.

문제제기의 두 번째 측면은 바로 미디어 하나하나의 깊이 있는 분석이 약해질 수 있지 않나 하는 우려입니다. 이 부분에 대해서 저 역시 오랜 시간 시행착오를 거쳐 고민하고 개선하고 있는 중입니다. 저는 이러한 우려를 제 나름의 방법으로 넘어서고 있어요. 결과적으로 저는 제 나름대로 미란 선생이 걱정하는 깊이의 어려움을 넘어서려고 애쓰고 있습니다."

"나름의 방법이 무엇일까요? 궁금합니다."

"첫 번째 우려는 미디어를 너무 실용적인 차원에서 도구화하지 않을까 하는 것입니다. 제 마음의 노력은 이미 얘기했습니다. 미디어 작품을 감상할 때는 순수하게 그 순간을 즐기고 몰입해요. 또 한 가지 방법은 미디어의 장르 자체를 구분하는 방법입니다."

"지식체계로 사용하기에 좋은 미디어와 순수하게 작품 그 자체를 즐기는 미디어를 구분하는 방법이라는 것이죠?"

"네, 예를 들면 EBS미디어, 역사주제, 교육주제, 시사주제, 테드 같은 강연들은 지식체계를 추구하는 측면에서 접근하는 경우가 많습니다. 반면, 영화, 인간극장, 휴먼다큐 등은 그 자체로 느끼고 몰입하고 행복하며 공감하는 분류입니다. 이 두 가지가 자동적으로 분류가 되어 있어, 크게 고민하지 않고 제 의도가 자동화되었습니다. 하지만 후자의 경우도 영화나 휴먼다큐를 본 이후에 언제라도 그 내용이 어떤 지식체계에 포함된다고 생각이 되면 바로 꺼내서 해당부분을 편집하여 활용 가능한 소스로 변환시켜 놓습니다. 이 과정에서 인생극장, 휴먼다큐 등과 같은 미디어들은 적절히 주제와 난이도를 조절하여 가족과 함께 보거나 자녀들과 공유하기도 합니다."

"그럼 두 번째 우려는 어떻게 해결하는지 궁금해요."

"두 번째 우려는 너무나 많은 미디어들을 다루다 보면 하나하나의 깊이 있는 분석에 한계가 있지 않을까 하는 것이죠. 이 부분은 다양한 방법이 실제로 가능합니다. 영화 한 편을 보고, 어느 수준까지 '깊은 고민'이 가능한지 저만의 프레임과 시스템을 만들어 기록하고 보관하고 있습니다."

P는 영화 「행복을 찾아서」 한 편을 보고 정리해 둔 자신만의 지식기록 방식을 보여주었다. 제목과 날짜를 적고, 7개의 소제목을 적은 뒤 각각의 내용을 자세히 기록하였다. 또한 장르, 매체, 주제, 대상을 별도의 분류체계로 만들어, 과연 이 미디어가 어떤 용도의 지식으로 체계화되고 활용될 수 있을지 체크를 해두었다.

이야기 1. 스토리는 삶 속에 있다.

크리스 가드너는 실존 인물이다. 가장 평범한 사람의 삶을 조명하는 것은 가장 특별한 이야기가 된다. 그렇기에 이 영화를 토대로 우리는 우리의 삶 곳곳에 스며 있는 스토리의 감동을 발견하는 눈을 찾아야 한다. 그런데 그것이 꼭 성공을 이룬 신화에만 국한되지 않는다는 사실도 기억하자.

이야기 2. 인생에 구간과 제목을 만든다.

영화는 인생의 구간을 나누고 제목을 짓는다. 재미있는 구성방식이다. 자신의 인생 전체를 하나의 제목으로 구성하자. 그리고 각각의 구간을 주제별로 나누어 제목을 짓는다. 그 자체로도 훌륭한 이야기가 나올 수 있다.

이야기 3. 지독한 절망은 몰려오는 경향이 있다.

이상하다. 아픔은 겹친다. 하나를 대응하면 다른 것이 터진다. 가드너는 의료기기를 구입하는 데 투자한다. 그런데 팔리지 않고 집세는 밀리며 아내와 불화가 생긴다.

이야기 4. 절망 속 핵심 키워드를 분별한다.

절망의 코너로 몰리고 불행이 겹칠 때, 그 속에는 모든 것의 근원이 되거나, 해결의 단초가 되는 키가 존재한다. 가드너에게는 경제적인 어려움이 가족, 양육, 관계 모든 면에 영향을 미쳤다. 그리고 그 경제적 어려움의 핵심은 사업 예측 실패에 기인하였다.

이야기 5. 포기하지 않으면 기회는 온다.

가드너는 포기하지 않는다. 무거운 의료기기 가방을 들고 어깨를 늘어뜨리며 달린다. 금융사 간부와의 우연한 만남에서 큐빅을 돌리며 눈도장을 받는다. 그리고 계속 달린다. 아들과 지하철 화장실에서 살면서 생활한다. 그래도 포기하지 않는다.

이야기 6. 죽을 수 없는 한 가지 이유가 있다.

그에게는 달릴 수 있게 만드는 힘이 있다. 바로 아들이다. 아들을 보며 그는 다시 이를 악문다.

에피소드. 시간이 곧 인생이다.

인턴기간에 고객을 유치하고 성과를 내면 정식 입사에 유리하다. 가드너는 절박하다. 똑같이 주어진 시간에 어떻게 더 전화를 많이 하고 고객을 만날 수 있을까. 그는 사람들을 관찰한다. 다른 인턴들이 전화 한 통화를 끝내고 수화기를 내렸다가 다시 들어 올리는 특징을 찾아낸다. 그리고 자신은 전화기를 귀에서 내려놓지 않음으로써 몇 초 이상의 시간을 더 세이브한다. 전화를 많이 하여 물을 찾고, 그래서 화장실에 자주가는 것을 파악하고 그는 물 먹는 것을 줄여 화장실 가는 횟수를 줄인다. 그래서 또 시간을 절약하여 고객에게 투자한다. 그는 오랜 시간 돌아왔다. 그리고 대가를 치른 뒤에야 시간의 소중함을 알았다.

일주일 168시간, 하루 24시간, 8만 6400초를 인식하고, 최고 5분 단위로 시간을 쪼개서 집중력을 발휘하며 산다면 누구든 크리스가드너의 인생을 흉내 낼 수 있으리라.

P가 미디어를 깊은 수준으로 체계화하는 방법은 또 있다. P는 분류된 미디어폴더 중에 지식채널 폴더를 열었다. 915개의 영상이 1회부터 잘 정리되어 있다. P는 그중에 19번 영상을 재생하여 미란에게 보여주었다.

코자크Korczak Ziolkowski는 미국 역대 대통령의 얼굴이 새겨진 러시모어산Mount Rushmore National Memorial 프로젝트에 참여했던 유명한 조각가이다. 그는 어느 날, 한 인디언 추장으로부터 편지를 받는다. 미국의 영웅인 대통령 조각을 했던 사람에게, 인디언들의 영웅인 '성난 말Crazy Horse'을 조각해 달라는 부탁이었다. 편지의 내용에 마음이 움직인 코자크는 평생의 비전을 새롭게 품기 시작하였다. 1949년 그는 170m 의 거친 바위산을 바라보며 조각을 시작한다. 그의 생각을 존중한 미국정부는 인디언들과의 화해를 시도하기 위해 '성난 말' 프로젝트에 1천만 달러를 지원하겠다고 제의하였다. 그러나 코자크는 제안을 거절한 채 시민들의 후원과 관광수입만으로 묵묵히 조각을 진행한다. 그러다 1982년 코자크는 홀로 35년간 조각하던 프로젝트를 완성하지 못한 채 숨을 거둔다.

거대한 바위산에서 그가 35년간 조각을 위해 깬 돌만 750만 톤에 달하였다. 한 사람의 강렬한 비전은 바이러스처럼 다른 사람의 삶에 영향을 준다. 코자크가 죽자, 그의 아내와 10명의 자녀가 '성난 말'을 계속해서 조각하였다. 1998년에 거대한 얼굴상이 완료되었고, 현재는 말의 머리 부분부터 아래 방향으로 조각이 진행 중이다. 자그마치 60년 동안 진행된 프로젝트였다.

그렇다면 이 프로젝트의 마지막은 어떤 모습일 것이며 도대체 언제까지 시간이 소요될까. '성난 말'의 완성본 크기를 예상할 때 높이 171m에 길이 201m이다. 머리 부분만 완성하는 데 50여 년이 걸렸는데 전체가 완성되는 데에는 앞으로도 100여 년이 더 필요하다고 한다.

"저는 이 영상을 '비전'이라는 지식테마로 분류하고 내용을 크게 5개의 단계로 구분했습니다. 비전 이전 단계, 숨은 비전단계, 그리고 비전 성취단계를 지나 비전이 지속되는 단계, 마지막으로는 비전 결과의 단계입니다."

'성난 말(Crazy Horse)'의 내용 분석

1.비전 이전	2. 숨은 비전

코자크가 먼저 진행한 미국 대통령조각

초기 40년 동안 돌산을 깎기만 한다

3.비전 성취	4. 비전 지속	5. 비전 결과

50년 만에 성난 말의 얼굴이 완성된다

60년이 지나 앞쪽 말머리를 조각된다

160년 뒤에 완성될 비전의 조각

※출처 - 지식채널e

"폴샘, 이렇게 지식채널의 미디어를 하나씩 분석하다 보면 지식채널의 전체적인 분석의 결과를 토대로 활용도가 매우 높아지겠어요."

지식채널의 개별분석을 모아 만든 전체의 지식체계

회차	제목	날짜	시간	타이틀	내용별 분류	내용
1	1초	2005-09-05	4:16	과학	과학(기술), 발상의 전환, 시간/기억, 역사, 우주/지구, 인간/삶, 지식/정보	우리 주변에서 1초 동안 이루어지는 여러가지 일들과 현상에 대해 알아본다.

2	baby sign	2005-09-05	4:29	어린이	가족/공동체, 과학(기타), 관계/소통, 지식/정보	갓난아이의 성장발달과정의 과학적 분석을 통해 아이들의 표정, 몸짓, 행동이 갖는 의미에 대해서 알아본다.
3	우주탐험의 또 다른 역사	2005-09-05	4:22	과학	가치관/관점, 과학(기술), 동,식물/자연, 발상의 전환, 소외/편견, 역사, 우주/지구	우주가 태동한 후부터 지금까지 인간들이 끊임없이 노력해온 우주탐험의 과정과 역사에 대해 알아본다
4	Red	2005-09-05	4:36	문화	문화/풍습, 스포츠, 재미/오락, 지식/정보	가장 강렬하고 인상이 강한 붉은색, 우리 주위에 흔히 볼 수 있는 'Red'의 이미지를 통해 우리 주변의 여러 현상들을 풀어 본다.
5	개미 에피소드1 - 왕국의 기원	2005-09-12	4:22	자연	동,식물/자연, 시리즈, 재미/오락	자연다큐멘터리 "개미"의 영상을 이용하여, 개미들의 습성과 특성에 대해 알아본다.
6	개미 에피소드2 - 왕국의 탄생	2005-09-12	4:47	자연	동,식물/자연, 시리즈, 재미/오락	자연다큐멘터리 "개미"의 영상을 이용하여, 개미들의 습성과 특성에 대해 알아본다.
7	나는 2억5천만원입니다	2005-09-19	3:03	자연	동,식물/자연, 소외/편견, 환경	인간들의 무자비한 밀렵으로 인해 점차 수가 줄어드는, 코끼리를 비롯한 멸종 위기 동물에 대한 이야기.
8	히잡	2005-09-19	4:08	사회	가치관/관점, 문화/풍습, 소외/편견, 여성, 역사	이슬람 1400년. 이제는 선택으로 다가온 히잡. 히잡을 쓰고도 자기 삶을 개척해 나가는 여성들을 통해 이슬람 여성들이 갖는 히잡의 의미에 대해 알아본다.
9	개미 에피소드3 - 왕국의 번영	2005-09-26	4:31	자연	동,식물/자연, 시리즈, 재미/오락	자연다큐멘터리 "개미"의 영상을 이용하여, 개미들의 습성과 특성에 대해 알아본다.
10	TV 끄기	2005-09-26	4:08	인생	문화/풍습, 미디어, 환경	사람들의 TV 끄기 전과 후의 생활을 비교해보면서 시청자들에게 "Turn off TV, Turn on Life" 라는 메세지를 전달한다.
11	개미에피소드4 - 왕국의 몰락	2005-10-03	4:35	자연	동,식물/자연, 시리즈, 재미/오락	자연다큐멘터리 "개미"의 영상을 이용하여, 개미들의 습성과 특성에 대해 알아본다.

12	무인도에서 살아남는 법	2005-10-03	4:32	삶	인간/삶, 재미/오락, 지식/정보	만약 무인도에 홀로 남게 된다면 어떻게 해야 할까? 무인도에서 살아남는 법에 대해 알아본다.
13	낙엽	2005-10-10	3:51	문학	동,식물/자연, 문학, 발상의 전환, 환경	초록을 버리고 고유의 색을 드러내는 일 "단풍". 70가지가 넘는 색소가 사용되어 보름간 계속되는 화려한 변신을 한다. 낙엽은 숲의 시작이다.
14	머리카락	2005-10-10	4:32	인간	과학(기타), 인체, 재미/오락, 지식/정보	머리카락은 범죄의 현장에서도 중요한 단서로 사용되고 죽음의 원인을 알아 낼수도 있다. 머리카락에 대한 다양한 이야기.
15	4일 간의 외출	2005-10-17	4:33	관계	동,식물/자연, 사랑/우정, 환경	1995년 2월. 재두루미 한 쌍이 자연에 방사된다. 그러나 그 재두루미한테 하늘은 까마득히 높기만 했다.
16	난 알아요	2005-10-17	4:32	지식	가치관/관점, 재미/오락, 지식/정보	여러가지 사례를 통해서 장자의 "사람이 아는 것은 모르는 것보다 아주 적다"라는 메시지를 전달한다.
17	나는 로봇 …	2005-10-24	4:02	기술	과학(기술), 노동, 발상의 전환, 지식/정보	로봇에 대한 정보와 함께 인간을 닮았지만 결코 인간이 될 수 없는 로봇의 비애를 담아본다.
18	3rd	2005-10-24	3:55	사람	국내, 꿈/희망, 노동, 사회/시사, 소외/편견, 인권	여러통계를 바탕으로 현재 영화현장에서 일을 하고 있는 한 스텝이 인터넷 커뮤니티에 올린 글을 통해 영화 스텝들이 처해있는 현실과 애환에 대해 알아본다
19	Crazy horse	2005-10-31	4:55	진실	가치관/관점, 국제, 사회/시사, 소외/편견, 역사, 인권	우리 추장들은 백인에 대한 소망이 있다. 우리 홍인(redman)도 백인처럼 위대한 영웅을 갖고 있다는 것을 그들이 알았으면 한다. 그는 Crazy Horse다.
20	18cm의 긴 여행	2005-10-31	4:52	인생	과학(기술), 인체, 지식/정보	정자와 난자가 만나서 아이가 생기는 과정에 관한 이야기
21	커피 한잔의 이야기	2005-11-07	4:15	경제	경제, 국제, 노동, 사회/시사, 소외/편견, 인권	커피 한잔에 숨겨진 비밀, 커피 한잔에 숨겨진 불평등, 99퍼센트와 1퍼센트에 관한 이야기를 전달한다

"미란 선생도 아시겠지만 지식채널과 같은 지식미디어는 많은 지식 세대가 다양한 방식으로 함께 체계를 만들어서 활용도를 높이고 있어요. 지식집단이 함께 체계를 만들어가고 있지요. 물론 위와 같은 체계는 저만의 창의적인 단계구성이고 저 역시 이런 방식을 공유하고 있습니다."

"폴샘, 그러니까 이렇게 방대한 미디어 체계가 있지만, 나름대로 그 특성에 맞게 각각의 미디어를 분석하는 체계를 만들고, 그 각각의 분석을 모아 다시 전체의 체계를 만들어서 활용을 위한 준비상태로 만들어 놓는다는 것이군요."

미디어를 통한 '높이'의 조망

P는 화이트보드에 위아래로 오르락내리락 긴 선을 그렸다. 그려놓은 선만 보아서는 무엇을 그리는지 알 수 없었다. 잠시 후 그려놓은 선 위에 점을 찍자, 그제야 미란은 P가 무엇을 그리는지 알아차렸다.

"폴샘, 지금 인생의 곡선을 그리는 거죠? 그런데 이 곡선만 보아서는 각각의 굴곡이 기쁨을 나타내는지 슬픔을 나타내는지 잘 모르겠어요."

"미란 선생, 지금 제가 그린 인생 곡선은 모두 다 어려움의 감정을 나타내고 있습니다. 저의 미디어 멘토링을 설명하려고 그린 것이기 때문에 우리 인생에서 한 번쯤 경험할 만한 힘겨운 감성의 포인트만을 표현해 보았습니다. 물론 이 곡선과 자료매칭은 저의 주관적 판단입니다."

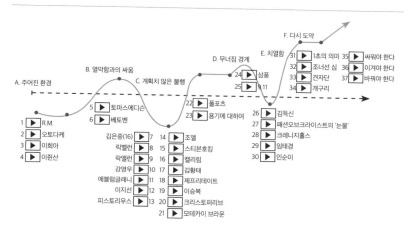

P는 곡선의 분기점마다 점을 찍고 각각의 감성을 적어 보았다.

A. 주어진 환경이 출발부터 불행의 구조일 때

B. 매우 열악한 조건들을 가지고 극복할 때

C. 열정적으로 비전을 추구하다가 예기치 않은 불행을 만날 때

D. 바닥을 치고 올라가면서 어느 정도 성취를 이뤄서 긴장감이 무뎌
    질 때

E. 매너리즘을 극복하고 최종 비전성취를 위해 치열할 때

F. 비전을 성취하고, 이제 또 다시 새로운 비전으로 도약할 때

그런 뒤, 각각의 감성마다 소개할 만한 미디어를 적었다. 주어진 환
경이 이미 불공정하다고 괴로워하는 이에게는 레나 마리아, 오토다케,

이희아, 이쥔산의 영상을 소개한다. 매우 열악한 조건과의 치열한 싸움을 하는 이에게는 토마스 에디슨과 베토벤의 스토리영상을 소개한다. 열정적으로 비전을 추구하다가 예기치 않은 불행 앞에 좌절한 사람이 있다면 김은중, 릭벨런, 강영우, 이지선, 조엘, 스티븐호킹, 이승복, 크리스토퍼리브 등의 인물영상을 소개한다. 인생의 마지막 단계 최악의 절망으로 떨어진 사람에게는 김득신, 패션오브크라이스트의 눈물, 크레이지홀스, 임태경, 인순이의 영상을 소개한다. 마지막 1초까지 생명을 다해 사용하고 죽음을 넘어서 살아야 할 이유를 주어야 하는 사람에게는 1초의 의미, 조너선 심의 유언, 개구리 실험, 마지막 강의 등의 미디어를 소개한다.

"어떻게 이런 적절한 영상을 통해 인생의 슬픔에 있는 사람들을 도울 수 있는 거죠?"

"지름길은 없습니다. 이런 곡선을 이처럼 그릴 수 있는 것은 실제로 많은 사람을 미디어 지식체계로 도우며 살아왔던 경험이 있기 때문입니다."

"그렇다면 사람의 인생에서 겪게 되는 부정의 감성에 적절한 영상을 어떻게 매칭시키나요?"

"이 역시 정답은 없습니다. 미디어를 보면서 비슷한 감성의 인물미디어와 지식미디어를 모아두고, 이를 지식바인더 '인물 편'에 차곡차곡 기록해 둡니다."

미란은 그제야, P의 베이스캠프 전체가 서로 연결되어 있다는 생각

216

이 들기 시작했다. 미디어체계가 독서와 마찬가지로 지식바인더에 차곡차곡 기록되고 축적되어 활용을 위한 대기상태로 보존되어 있었던 것이다.

"미란 선생도 많은 미디어를 보고 지식체계를 갖추고 있지 않나요?"

"네, 물론 보고 있죠. 다만 이렇게 미디어 지식이 체계를 갖추어 보관되고 보존되며, 활용가능한 상태로 정리되어 있지는 않아요. 제가 꼭 배우고 싶은 부분이네요. 그런데 이렇게 되려면 일상에서 끊임없이 미디어를 보는 습관이 필요할 것 같아요."

"당연해요. 그래서 제 삶의 모든 미디어 시스템은 그러한 습관이 생기도록 구성되어 있습니다."

이런 삶이 오랜 세월 반복되다 보니 P에게는 미디어가 단순한 영상의 개념이 아니라 지식의 소스로 여겨진다. 그리고 한 가지 소스를 '깊이'의 수준으로 분석하고 이해하면, 정말 다양한 방식으로 그 지식이 확장되고 가공되기도 하며 변형이 일어난다.

결과적으로는 모든 미디어의 존재 목적은 사람의 행복을 위한 것이다. 하나의 미디어를 제대로 이해할 경우, P는 그 미디어를 원소스로 규정하고 그 원소스를 다양한 방식으로 변형하고 확장시켜 사용한다. 그야말로 원소스 멀티유징One Source Multi Using이다.

"폴샘은 하나의 지식을 그냥 있는 그대로 두지 않고, 꼭 변형을 하는 것 같아요."

"일부러 그런 것은 아닙니다. 하다 보니 보관하기 쉽고, 다시 찾기 쉬우며, 활용하기 수월한 방식을 택한 것뿐입니다. 비단 미디어체계뿐만 아니라 저의 모든 베이스캠프 지식체계는 항상 먹기 좋은 상태로 냉장고에 들어 있는 음식과 같습니다."

"그 나름의 규칙이 있을까요?"

"미디어를 포함하여 모든 베이스캠프의 지식보관 체계는 '정리'보다는 '정돈'의 체계를 더 많이 사용합니다."

"정리와 정돈은 서로 같은 말 아닌가요?"

'정리'를 넘어서는 '정돈'

보통 사람들은 정리와 정돈을 같은 의미로 이해하는 경우가 많다. 그 의미는 필요한 것은 남기고 불필요한 것은 버려서 깨끗함을 유지하는 정도로 이해한다. 그러나 이 둘은 엄연히 다른 의미를 가지고 있다.

정리 : 불필요한 것을 선별해서 유용한 것을 가지런히 하는 것

정돈 : 꼭 있어야 할 곳에 정연하게 두는 것

[출처- 산업안전대사전]

"미란 선생은 정리정돈을 나름 잘 하시죠?"

"네, 지저분한 것을 싫어하거든요."

"미란 선생 입장에서 정리정돈의 목적은 무엇일까요?"

"청결함을 유지하고, 깨끗하게 치워진 공간에서 더 큰 행복을 느끼

고, 쉼이 됩니다. 일하는 공간도 마찬가지예요. 쾌적한 공간에서 일의 능률도 올라간다고 생각해요."

"지금 미란 선생이 표현한 내용이 바로 정리의 개념입니다. 전문적인 용어로서 정리는 불필요한 물품이 제거되는 것에 초점이 맞추어져 있어요. 하지만 정돈은 정리가 되었다고 전제한 뒤에, 각 물건을 두는 장소가 이미 정해져 있고, 결과적으로는 다시 그 물건을 찾기가 용이하고, 예측가능하게 해놓는 것입니다."

"그러니까 정리는 물건 그 자체의 필요성과 중요성 등에 초점이 있고, 정돈은 물건보다는 공간에 더 초점이 있는 것 같네요. 또한 정리는 현재의 사용 여부에 초점이 있는 반면, 정돈은 나중에 다시 찾을 때를 많이 생각하는 것 같아요."

P는 미란에게 라이브러리의 북 코너를 소개해 주었다. 그곳에는 정리와 정돈, 청소력에 관한 책들이 가지런히 꽂혀 있다.

"폴샘, 그렇다면 이런 미디어들은 어떻게 하나하나 찾을 수 있나요?"

"가장 쉬운 방법은 독서체계와 미디어체계를 연동시키는 것입니다. 순서는 중요하지 않아요. 책이 먼저 나오고 미디어가 나오기도 하고, 때로는 미디어가 방영되고 책이 나오기도 하죠. 이곳 베이스캠프의 모든 책, 모든 미디어는 다양한 매개를 기반으로 서로 밀접하게 동기화되어 있습니다.

"미디어조차도 책을 통해 찾아가는 방법이 있다는 거군요."

"미란 선생도 종종 영화로 개봉되는 내용의 원작소설을 읽는 경우가 있을 겁니다."

"많죠. 이렇게 생각하니까 한 가지 방법은 확실하게 이해가 되네요. 다른 방법은 어떤 게 있을까요?"

P는 스마트폰으로 라디오 방송 어플리케이션을 열었다. 다시듣기 팟캐스트를 열어 라디오캠페인 하나를 재생하였다.

> 로버트 카파. 본명 아드레 프리드만. 41년 생애에 다섯 차례 전쟁에 뛰어든 전설의 보도사진가죠. 그는 헝가리 출신으로 정치기자를 꿈꾸며 독일에서 공부하던 시절, 고향에서 생활비를 보낼 수 없게 되자, 일을 찾기 시작했지만 독일어가 능숙하지 못해서 취직이 안 됐죠. 그래서 그는 언어를 포기하고 카메라를 집어 들었습니다. 말이 필요 없는 사진으로 승부하자. 이 간단하고 절실한 선택이 전설의 사진가를 탄생시킨 셈인데요. 이 길 밖에 없다면 주저 없이 간다. 때로는 유일한 길이 최고의 길이 됩니다.
>
> [출처 -MBC 꿈의 지도. 2014.]

"짧지만, 인상적인 사람들의 이야기가 이렇게 매일 나옵니다. 제가 모르는 사람의 이야기가 대부분이지만 알 만한 사람의 이야기에서도 몰랐던 부분이 나옵니다. 저는 이렇게 라디오를 틈날 때마다 들어요. 이런 방식으로 안테나를 노출시키는 겁니다."

P는 지식바인더 하나를 들고 왔다. 바인더의 제목은 '꿈의 지도'이

다. 그 안에는 그가 들었던 내용 중에 자신에게 깊은 통찰을 주었던 내용을 스크립트로 옮겨 적은 것들이 가득하였다.

좋은 일 하고도 욕먹고, 상처받고. 살다 보면 이런 일이 꽤 있는데요. 미국에 전설적인 경영인 첼스 슈왁. 그는 매정하지 못한 성격 때문에 좋은 일을 하고도 골치 아픈 억지소송을 많이 당한 인물이죠. 그가 언젠가 이런 말을 한 적이 있습니다.

"저도 압니다. 좋은 일 하고도 고생하고, 이러지 않으려면 사람들에게 냉정하면 되겠죠. 하지만 저는 그렇게 하지 않았습니다. 그랬다면 저는 많이 외로워졌을 테니까요."

엉키고 시달려도 외로움보다 낫다. 뜨거운 가슴으로 나섰다가 상처받는 순간, 한 번씩 떠올려보기로 하죠.

미국의 작가 메리라인하르트는 가난 때문에 글을 썼습니다. 아이 셋에 몸이 불편한 어머니, 피곤한 일상의 나날, 그 와중에 빚을 갚으려고 잠을 줄여가며 글을 쓰기 시작했습니다. 그리고 그녀는 글을 쓰면서 오히려 생기와 활력을 찾았습니다.

그렇다고 다들 이 사람처럼 삽시다, 이런 식은 좀 곤란할 거 같고요. 누군가 글쓰기로 일상의 우울함을 잊었다면 나도 뭔가 있겠지요. 운동, 춤, 만들기, 노래, 외국어, 혹은 청소 등 뭐든 괜찮을 겁니다. 그런 걸 할 때 근심 대신에 웃음이 납니다. 하다 보면 돈을 버는 운수도 생길지 모릅니다.

우주소년 아톰으로 유명한 데즈카 우사무. 일본 만화의 아버지로 통하는 인물이죠. 의사의 길을 버리고 만화가의 길을 택했으니 일단 만화를 굉장히 좋아했을 겁니다. 하지만 좋아한다고 다 성공을 하느냐. 데즈카 우사무의 자서전에 이런 구절이 있습니다.

"백설공주를 쉰 번, 밤비는 여든 번 이상 봤다. 디즈니에 심취한 후부터 스타일을 필사적으로 베끼고 습득해서 지금의 화풍이 되었다."

같은 만화를 쉰 번 여든 번 보는 건 보통 일이 아니죠. 좋아한다면 행동으로 증명해야 합니다.

쇼팽은 분명히 천재적인 작곡가였습니다. 그의 연인인 소설가 조르주 상드가 쇼팽에 대해 적은 글이 있습니다.

"그는 골몰하지 않고 실마리를 찾아냈다. 산책하다 악상이 떠오르면 콧노래를 불렀다."

이게 전부라면 우리처럼 평범한 사람은 힘이 빠지겠죠. 다행히 조르주 상드의 글은 더 이어집니다.

"쇼팽은 그 선율을 다시 찾아낼 수 없다는 이유로 절망에 빠져들었다. 며칠씩 방 안에 틀어박혀 안절부절못했고 수없이 선을 그었고 고치고 지웠다. 그리고 다음 날 다시 시작했다."

아셨죠! 결국은 인내. 똑같이 악전고투입니다.

1993년 노벨문학상을 받은 작가 토니 모리슨. 출판사 편집자와 대학 강사로 일하면서 두 아들을 홀로 키우는 생활인이었죠. 해야 할 일, 역할

이 많으니 챙겨야 할 것, 걱정거리들도 가득했습니다. 그런데 그걸 다 어떻게 감당했을까. 그녀는 이렇게 말합니다.

"아이들과 대학 강의, 다른 일거리들까지도 산더미였습니다. 출퇴근할 때, 잔디 깎을 때 늘 이런 걱정을 하면서 이런저런 생각을 했죠. 그 대신 일단 책상에 앉으면 완전히 잊었습니다. 책상에 앉으면 걱정 스톱. 어렵지만 그게 능력입니다."

작가 무라카미 하루키는 단순하면서 규칙적인 생활을 하는 걸로 유명하죠. 새벽 4시에 일어나 점심까지 글을 쓰고, 오후에는 달리기나 수영, 나머지 시간에는 잡일을 처리하거나 독서하고 음악을 듣고, 밤 9시면 잠자리에 듭니다. 하루키는 이렇게 말했죠.

"나는 이런 습관을 반복한다. 그러다 보면 반복 자체가 중요하게 된다. 반복을 하며 나는 최면에 걸린 듯, 넓고 깊은 정신상태에 이른다."

핵심은 반복 자체가 중요하다는 겁니다. 며칠 해보고 아니구나, 하지 말고 오래도록 반복해 보기! 거기에 뭔가 있다는 겁니다.

[출처 - MBC 꿈의 지도. 2014.]

P는 이런 습관을 오랜 시간 유지하였다. 소파에 앉아 TV를 볼 시간은 없지만, 운전하는 중 혹은 이동하는 사이에 라디오를 즐겨 듣는다. 광고가 없이 하루 종일 시사적인 이야기와 사람 사는 이야기가 가득한 채널을 선호하고, 토론 프로그램을 즐겨 들으며, '꿈의 지도'처럼 짧게 엄선된 캠페인도 선호한다. 광고가 나오는 채널도 종종 듣지만, 그때

는 프로그램보다 광고 그 자체를 귀로 듣는 것을 좋아한다. 눈으로 보지 않고 귀로만 들었을 때 그 내용에 깊이 몰입하는 효과가 있기 때문이다.

어느 날, P는 라디오 캠페인에서 들은 박찬호 선수의 이야기를 바탕으로 그날 저녁 그가 교회에서 가르치는 어느 소년에게 다음과 같은 편지를 썼다.

"제가 프로선수가 되려고 하던 시절, 한국의 프로구단 및 대학야구 팀 스카우터들과 미국의 스카우터들은 저에 대해 다음과 같은 다른 보고서를 작성했어요.

'성격 좋고 강한 어깨와 좋은 신체조건. 그러나 정교함과 기술이 부족하며 지금까지 내세울 만한 성적 없음. 따라서 3천만 원 이상 투자할 가치 없음.'

(국내 스카우터의 보고서)

'정교함과 기술이 부족하며 지금까지 내세울 만한 성적 없음. 그러나 좋은 신체 조건과 강한 어깨, 긍정적인 성격, 최소한 1백만 달러의 가치가 있음.'

(메이저리그 스카우터의 보고서)

한 사람은 저의 단점을 크게 보았고, 또 한 사람은 저의 강점을 크게 보았어요. 그 후 저는 저의 강점을 높게 평가해준 사람들에 의해, 미국 메이저리거로 진출했고 한국 최초의 성공한 메이저리거가 되었습니다. 놀랍게도 저의 강점을 찾아주고, 그것을 더욱 칭찬해 주자 저는 그 분야에서 더욱 눈부시게 발전하는 에너지를 얻었어요.

자신에 대해, 그리고 자신의 삶에 대해 긍정적인 포인트를 찾는 연습을 해보세요. 약점을 먼저 찾아 지적하기보다는 강점을 먼저 찾는 습관을 가져야 합니다. 자신에 대해 칭찬을 아끼지 않을 때, 자신의 삶은 마치 태양 쪽으로 기우는 화초처럼, 긍정적인 칭찬의 방향대로 자라날 것입니다. 저, 박찬호를 기억하면서 힘내세요!

- 박찬호에 관한 라디오를 듣고, 폴샘이 ㅇㅇ에게 -

이렇게 해서 찾아낸 일상의 보석 같은 소스들을 틈날 때마다 목록화하여 예상 가능한 폴더에 정리해 놓는 것, 이것이 바로 P가 추구하는 '정돈'의 삶이다. 지식바인더와 같은 페이퍼 공간, 노트북의 폴더와 같은 가상의 공간에 차곡차곡 인생의 이야기들을 정돈해 놓는 것, 이것이 바로 P가 지식세대에게 권하고 싶은 서재 구성의 원칙이다.

"폴샘, 제가 이해하려고 아무리 애를 써도 도저히 넘어갈 수가 없는 게 아직 한 가지 있어요. 하루 24시간에 어떻게 독서, 신문, 미디어 등을 채워 넣을 수 있을까요. 독서 하나만으로도 방대하고, 신문에 대해서는 한 시간을 정한다고 하셨으니 약간은 이해가 돼요. 그리고 여기에 이런 방대한 미디어까지 얘기하니 저로서는 도저히 시간 사용에 대한 추론이 어려워요. 영화는 또 언제 그렇게 시간을 내서 보시는지……."

상식을 넘어버린 시간계산

P는 화이트보드에 그림을 그리며 설명해 주었다.

"제가 지금부터 우리의 상식을 뛰어넘는 시간사용의 계산법을 소개하겠습니다. 어차피 지식의 양, 바쁜 삶의 분량으로 보면 객관적으로 시간이 부족한 것은 사실이에요. 각각의 시간을 어떤 초단위로 쪼개서 산다고 말하고 싶지는 않습니다. 저는 보다 더 근본적이고 건강하며 누구나 적용 가능한 방법을 소개하고 싶습니다. 그것이 바로 '하루를 계획하고 조정하는 삶'입니다.

저는 이것을 BT$^{Basic Time}$라고 합니다. 절대적인 고요의 시간, 하루를 꿈꾸고 까마득한 일정 속에 결코 놓치지 않아야 할 본질을 되새기는 시간이죠. 정말 소중한 일, 소중한 만남, 소중한 관계를 오늘의 일정 속에서 확인하며 하루의 숨고르기를 하는 시간을 말합니다. 저는 그 시

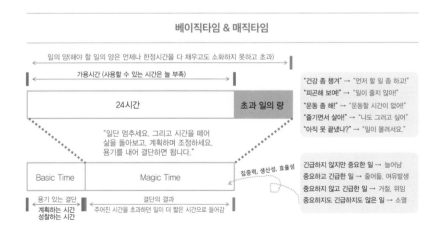

베이직타임 & 매직타임

226

간을 새벽마라톤 시간으로 정했습니다. 원래 저의 BT시간은 서재라는 공간에서 이루어졌지만 건강이 악화된 시기 이후부터는 마라톤을 하는 시간으로 바꾸었습니다."

"마라톤으로 바쁜 스케줄이 더 부족해지지는 않을까요?"

"그것이 바로 이 그림의 비밀입니다. 매일 해야 할 일을 다 적어보면 주어진 24시간 안에 다 할 수 없을 만큼 많고 소화하기 어려운 분량이 맞습니다. 그런데 마음에 결심을 하고, 일정 시간을 떼어내서 하루를 계획하고 조정하는 시간을 가지면, 처음의 분량에 변화가 일어납니다. 소중한 일, 급한 일, 타인에게 넘길 일, 꼭 하지 않아도 될 일, 혹은 조금씩 분산시켜 매일 조금씩만 하면 될 일 등 활발한 조정이 일어납니다. 그래서 결국은 계획하는 시간을 뺐음에도 불구하고 하루는 더 규모 있게 돌아갑니다. 이러한 삶을 반복하다 보면 계획하는 시간이 더 늘어나기도 하는데 그럴 경우, 하루 분량을 처리하는 시간이 더 빨라

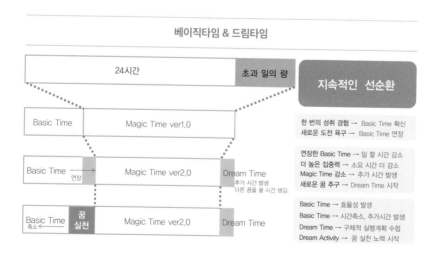

베이직타임 & 드림타임

227

지고 오히려 남는 시간이 생기는 단계까지 옵니다. 바로 매직타임^{Magic} $_{Time}$이 만들어지는 거죠. 그래서 또 새로운 꿈을 꾸고 새로운 습관을 형성하며 또 한 단계 발전하는 것입니다."

"폴샘, 그렇다면 여기에 그림 하나를 뒤에 더 그려야겠어요."

"이번 그림은 미란 선생이 그렸으니 설명을 부탁드립니다."

"베이직타임$^{Basic\ Time}$을 통해 매직타임$^{Magic\ Time}$을 맛본 사람은 베이직타임을 연장하게 됩니다. 그렇게 되면 당장 매직타임이 줄어듭니다. 일할 시간이 더 줄어드는 거죠.

그런데 놀라운 것은 베이직타임이 늘어나면서 삶의 통찰력이 배가되고, 일에 대한 선별력이 생기며, 일을 수행하는 집중력이 올라갑니다. 결과적으로 매직타임에 또 한 번의 진화가 일어나는 거죠. 일을 더 빨리 끝냄으로써 추가시간이 발생합니다. 그렇게 되면 바로 그 순간부터 이전에는 꿈꾸지 못했던 새로운 삶을 꿈꿀 여유가 생깁니다.

이러한 시점이 되면 베이직타임 시간사용의 혁신이 일어나면서 많은 시간이 필요하지 않고, 짧은 시간을 사용하더라도 충분히 깊은 베

P의 주간시간관리 바인더(왼쪽)와 월간 연간 달성률 바인더(오른쪽)

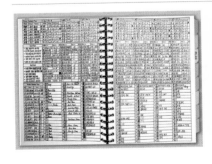

이직타임을 가질 수 있게 됩니다. 결과적으로 베이직타임에서 추가시간이 발생한 겁니다. 이렇게 생겨난 시간은 드림타임에서 설계한 꿈을 실천하는 드림 액티비티Dream Activity로 사용할 수 있겠죠. 새벽에 영어 공부를 하고 운동을 시작할 수 있게 되는 것입니다."

"탁월합니다. 결국 이러한 삶은 자연스럽게 선순환되는 거죠. 미란 선생, 이제 제가 어떻게 시간을 사용하는지 이해할 수 있겠지요?"

"네. 그리고 저도 이제 그렇게 살고 싶습니다. 그런데 폴샘, 그럼에도 일반적인 시간관리의 기본방식은 사용하고 계시는 거죠? 시간을 아끼거나 시간을 나눠서 사용하거나 하는 그런 방법 말이에요."

P는 미란의 질문에 긍정을 표현한 뒤, 자신의 시간관리 바인더를 들고 왔다. 페이지를 넘기니 같은 방식이 매일 반복된다. 마치 하루를 일년처럼 살고 있는 것처럼 보인다. P는 미란의 이해를 돕기 위해 간단히 바인더 보는 방법을 소개해 주었다.

"크게 3개의 단으로 구성되어 있습니다. 가장 위의 단은 제 삶의 우선순위입니다. 아침BT, 독서, 신문, 가족과의 대화, 운동 등이 들어있습니다. 가운데 단은 일상적인 하루의 'To Do List'가 있습니다. 그런데 각 명칭 앞에 A, B, C, D라고 적혀있는 것은 '우선순위 메트릭스', 즉 긴급하고 중요한 것은 A, 긴급하지 않지만 중요한 것은 B, 중요하지 않지만 긴급한 것은 C, 그리고 중요하지도 긴급하지도 않은 것은 D입니다. 보면 아시겠지만, 제 시간관리 일정목록에 D는 아예 없습니다. D를 없애기까지는 꽤 오랜 시간이 걸렸습니다.

마지막으로 제일 아래 단은 시계부입니다. 하루의 일정을 시간 순서에 따라 실제 어떤 시간에 어떤 일을 했으며, 소요된 시간이 얼마였는지를 기록하는 것이죠. 그리고 가장 왼쪽에 Good Point, Bad Point 그리고 Weekly Planning Time은 일주일을 돌아보고, 다시 계획하는 영역입니다. 바인더를 펴면 이렇게 일주일이 한눈에 보입니다."

P는 다음으로 월별로 추구하는 지식체계의 모든 것과 월별로 채워지는 목표가 1년간 어떤 흐름으로 쌓여가고 있는지 분석하는 페이지를 소개해 주었다. 적어도 눈앞 시간에만 치열하게 사용하다가 자칫 큰 시간의 흐름을 놓치는 일이 없도록 하는 장치이다. 물론 이런 시스템이 일상화되기까지는 수많은 시간관리 실패의 시행착오가 있었을 것이다.

"폴샘, 순간과 연속의 균형을 맞추는 것은 어떻게 해야 할까요? 순간의 시간집중력과 연속시간의 축적에 따른 결과물을 동시에 추구하는 것은 매우 어려운 일인 것 같아요."

"미란 선생에게 두 가지 저만의 시스템을 소개하지요. 바로 모래시

모래 시계, 연간 주제별 성취 추이표, 운동/집필/독서 예시

계와 추이표입니다."

집필실의 책장에 있는 모래시계와 그의 시간관리 바인더에 있는 추이표이다.

"모래시계는 3분, 5분, 30분, 60분 등 매우 다양한 시간대별로 구비되어 있습니다. 저의 경우 3분은 중간 스트레칭으로 몸을 푸는 시간 정도이고, 5분은 한 페이지 분량의 글을 빨리 쓸 때의 속도입니다. 30분은 신문 하나를 읽고 스크랩 시 걸리는 시간입니다. 60분은 하나의 강의 슬라이드 초안을 제작할 때 걸어두는 모래시계입니다. 이것은 모두 순간의 시간사용 집중력을 높여주는 장치이죠. 반면, 옆에 있는 추이표는 한 가지 목표를 주단위로 양을 측정하여 숫자를 입력하면 1년의 추이와 성취 그래프가 나오는 시스템입니다. 엑셀로 함수를 만들어서 숫자만 입력하면 자동으로 이렇게 그래프가 나옵니다. 1년 단위로한 가지 주제의 목표를 이루는 것을 관리하는 데에는 매우 효과적인 방식이죠."

"폴샘, 이렇게 하루하루 자신의 시간을 기록하고 그것을 축적하며 사는 것이 실제로 지속 가능할까요? 처음부터 성공하셨나요? 아니면 시행착오를 거치셨나요?"

"저 역시 지금 확인 중입니다."

"확인이라면?"

"제가 지금 미란 선생에게 소개해 드렸듯이, 저에게 이런 삶을 가르쳐주신 분이 계십니다. 그분의 삶이 옳은지 그른지 확인하는 게 아니라, 그분의 삶이 저에게도 잘 맞는지 확인하고 있다는 겁니다."

"시간을 기록하는 방법과 그 삶을 누군가에게서 배우셨다는 거군요. 스승님의 스승님이 계셨네요!"

스승의 스승이 서재에 있다

P는 미란에게 태블릿으로 두 사람의 사진을 보여주었다. P에게 시간관리를 가르쳐준 스승들이다.

"류비세프는 저의 시간관리 롤모델입니다. 그는 인간에게 부여한 가능성의 최대치를 살고 간 사람입니다. 매일 8시간 이상을 자고 운동과 산책을 한가로이 즐겼으며 한 해 평균 60여 차례의 공연과 전시를 관람하고 보통 남자들이 그렇듯 가족을 부양하기 위해 직장에 다녔으며, 동료와 후배들에게 애정 어린 편지를 즐겨 쓰던 사람입니다."

1972년 8월 31일 구소련의 과학자인 류비세프가 82세를 일기로 세상을 떠났을 때, 그가 세상에 남겨놓은 것은 70권의 학술서적과 총 1만 2,500여 장(단행본 100권 분량)에 달하는 연구논문, 그리고 방대한 분량의 학술자료들이었다. 인간 능력의 한계를 여지없이 비웃는 엄청난 양의 원고 앞에서 놀란 사람들은 이후에 속속 밝혀지는 류비세프의 학문적 성과와 철학, 역사, 문학, 윤리학을 종횡무진 넘나드는 독창적 이론에 다시 한 번 할 말을 잃고 만다.

류비세프   김안제

"그가 이렇게 살 수 있었던 비밀은 바로 그가 50년 동안 단 하루도 거르지 않고 기록해 온 '시간통계노트'에 있었습니다."

"네! 시간통계노트라고요? 어떤 방법으로 썼는지 정말 궁금하네요!"

P는 직접 미란에게 류비세프의 책을 보여주기 위해 라이브러리로 갔다. 시간관리의 주제로 따로 정리된 북 코너에서 류비세프에 관한 책을 꺼내 들었다.

1946년 4월 7일

곤충분류학 : 이름 모를 나방의 그림을 두 장 그렸다 - 15분

나방을 감정함 - 20분

보충 업무 : 슬라브에게 편지를 씀 - 2시간 25분

대인 업무 : 식물보호위원회 회의에 참석 - 2시간 25분

휴식 : 이고르에게 편지를 씀 - 10분

《울리아노프스크 프라우다》지를 읽음 - 10분

톨스토이의 작품《세바스토폴의 기사》를 읽음 - 1시간 25분

기본 업무 총계 : 7시간 10분

그는 심지어 제2차 세계대전이 발발한 날에도 평소와 다름없이 시간을 기록하였다. 믿을 수 없을지 모르나, 그는 전쟁 중에 두 아들이 전사했다는 소식도 기록했다.

1941년 6월 22일, 키예프. 독일과의 전쟁 첫날. 13시경에 소식을 들음.

1941년 6월 23일, 거의 온종일 공습경보. 생화학연구소 회의. 야간 당직

1961년 6월 29일, 키예프. 동물학 연구소에서 9시부터 당직. 계산도표학 공부

"미란 선생, 흔히 시간관리가 철저한 사람들을 볼 때, 답답하고 고립되었으며, 피도 눈물도 없는 재미없는 사람, 인생을 즐길 줄 모르는 사람으로 바라보는 경우가 많지요. 저의 롤모델 류비세프는 그것이 오해라는 사실을 가르쳐주고 있어요."

류비세프는 정이 많고, 사람에 대한 교감을 주로 편지를 통해 많이 드러내고 있다. P는 종종 자신을 류비세프와 동일시하곤 한다. 신이 주신 시간 동안 모든 가능성을 다 사용하고 흙으로 돌아가는 것, 그리고 자신의 시간은 무서우리만치 철저하지만, 주변 사람에게는 그 삶을 강요하지 않고, 따뜻하게 대하려고 노력하는 것은 류비세프에게서 받은

영향이다.

이러한 류비세프에 견줄 만한 한국인으로 P가 선정한 사람은 김안제 교수이다. 그 역시 인생의 시간을 기록하고 통계를 내어 인생백서를 펴낸 것으로 유명하다.

삶의 스타일을 따라가다

지식을 정리하는 방식에서 P가 가장 존경하는 인물은 정민 교수이다. P는 그를 통해 다산의 지식경영을 이해하였고, 정민 교수의 삶 자체도 다산의 지식체계와 닮아 있다는 것을 발견하였다. 20여 년 동안 800권의 책을 집필한 나카타니 아니키로의 대선배가 있으니, 바로 다산 정약용이다. 정약용이 지식을 축적하고 정리하여 결과를 만드는 과정은 21세기 '엑셀'의 함수와 유사하다고 한다. 다산이 쓴 '식목연표의 발문'에는 이런 사례가 나온다.

정조가 화성 신도시 건립에 착수한 뒤 수원, 광주, 용인, 남천, 남양 등 여덟 고을에 명하여 나무를 지속적으로 심게 했다. 7년에 걸쳐 나무를 심을 때마다 보고문서가 계속 올라와 나중에는 그 문서가 수레에 가득 싣고도 남을 지경이었다. 서류가 하도 많고 복잡해서 어느 고을이 무슨 나무를 심었는지 알 수 없었다. 정조의 명에 따라 다산은 자료 정리에 들어갔다. 가로 열두 칸을 만들고 세로로 여덟 칸을 만들어 칸마다 그 수를 적었다. 총수를 헤아려 보니 소나무와 노송나무, 상수리나무 등을 합쳐 모두 1200만 9772그루였다. 보고를 받은 정조의 입이 딱 벌어졌다. 수레에 가득 실어도 넘칠 지경이던 많은 서류가 단 한 장의 도표로 일목요연하게 정리되었던 것이다.

　　정약용에 대해 연구한 정민 교수는 그의 삶에서도 비전과 지식의 체계를 잡아 연구하고 있다. 또한 그는 방대한 지식을 다루고, 어려운 지식을 쉬운 현대의 언어로 바꾸는 데에 탁월하다. P는 대학시절, 그가 쓴 『한시미학산책』을 처음 접했는데 어려운 한시를 독자들에게 무척이나 친근감 있게 쉽게 풀어주고 있다.

　　정민 교수는 연구실에 원형선반을 구입해 그 안에 수많은 연구 주제들을 작은 바인더에 넣어 독특한 지식체계를 구축해 놓고 있다. 즉 동시에 수십 가지 주제에 대해 지식적인 관심의 끈을 유지하며 진행하는 것이다. 병원에서나 쓸 만한 그의 원형 차트꽂이를 보고 P는 무릎을 쳤다.

　　정민 교수는 각각의 차트에 제목을 달고 동시에 다양한 고전분석을 진행한다. 각각 다른 주제이지만, 내용을 기록할 때마다 해당되는 파

정민 교수의 원형 차트꽂이

처음에는 비슷한 파일 흉내

바인더 시스템으로 변경

일을 열어 추가하는 방식이다. 가볍지 않게 깊이를 유지하면서도 멀티 테스킹이 가능한 그의 방식을 따라하고 싶어, P는 여기 저기 의료기기 상가를 기웃거렸지만 허사였다. 그래서 자신만의 방식으로 파일링 작업을 시작하였고, 이후 지식바인더 시스템을 갖춘 뒤에는 바인더에 정민 교수의 접근법을 사용하기 시작하였다.

인생과 존재 전체의 아바타

P의 롤모델은 서재 액자 속에서 함께 호흡하는 인물이 50인이고, 그 외에도 컴퓨터 폴더에는 120인이 더 존재한다. 많은 롤모델 중 유독 어떤 인물은 그의 인생 전체를 닮고 싶은 경우도 있다. P는 손석희 앵커의 삶 그 자체를 배우고 싶어 한다. 그의 방송뿐만 아니라, 인터뷰, 그리고 그의 개인적인 생각이 담긴 어록들을 모두 바인더에 보관하고 있다.

남들은 어떻게 생각할지 몰라도 나는 내가 지각인생을 살고 있다고 생각한다. 대학도 남보다 늦었고 사회 진출도, 결혼도 남들보다 짧게는 1년, 길게는 3~4년 정도 늦은 편이었다. 능력이 부족했거나 다른 여건이 여의치 못했기 때문이었을 것이다. 모든 것이 이렇게 늦다 보니 내게는 조바심보다 차라리 여유가 생긴 편인데, 그래서인지 시기에 맞지 않거나 형편에 맞지 않는 일을 가끔 벌이기도 한다. 내가 벌인 일 중 가장 뒤늦고도 내 사정에 어울리지 않았던 일은 나이 마흔을 훨씬 넘겨 남의 나라에서 학교를 다니겠다고 결정한 일일 것이다.

1997년 봄 서울을 떠나 미국으로 가면서 나는 정식으로 학교를 다니겠다는 생각은 하지 않았다. 남들처럼 어느 재단으로부터 연수비를 받고 가는 것도 아니었고, 직장생활 십수 년 하면서 마련해 두었던 알량한 집 한 채 전세 주고 그 돈으로 떠나는 막무가내식 자비 연수였다. 그 와중에 공부는 무슨 공부. 학교에 적은 걸어놓되 그저 몸 성히 잘 빈둥거리다 오는 것이 내 목표였던 것이다. 그러던 것이 졸지에 현지에서 토플 공부를 하고 나이 마흔 셋에 학교로 다시 돌아가게 된 까닭은 뒤늦게 한 국제 민간재단으로부터 장학금을 얻어낸 탓이 컸지만, 기왕에 늦은 인생, 지금에라도 한번 저질러 보자는 심보도 작용한 셈이었다.

미네소타 대학의 퀴퀴하고 어두컴컴한 연구실 구석에 처박혀 낮에는 식은 도시락 까먹고, 저녁에는 근처에서 사온 햄버거를 꾸역거리며 먹을 때마다 나는 서울에 있는 내 연배들을 생각하면서 다 늦게 무엇하는 짓인가 하는 후회도 했다. 20대의 팔팔한 미국 아이들과 경쟁하기에는 나는 너무 연로(?)해 있었고 그 덕에 주말도 없이 매일 새벽 한두 시까지 그 연구실에서 버틴 끝에 졸업이란 것을 했다.

돌이켜보면 그때 나는 무모했다. 하지만 그때 내린 결정이 내게 남겨준 것은 있다. 그 잘난 석사 학위(?) 그것은 종이 한 장으로 남았을 뿐, 그보다 더 큰 것은 따로 있다.

첫 학기 첫 시험 때, 시간이 모자라 답안을 완성하지 못한 뒤 연구실 구석으로 돌아와 억울함에 겨워 찔끔 흘렸던 눈물이 그것이다. 중학생이나 흘릴 법한 눈물을 나이 마흔 셋에 흘렸던 것은 내가 비록 뒤늦게 선택한 길이었지만 그만큼 절실하게 매달려 있었다는 방증이었기에 내게는 소중하게 남아있는 기억이다. 혹 앞으로도! 여전히 지각인생을 살더라도 그런 절실함이 있는 한 후회할 필요는 없을 것이다.

["내 인생의 결단의 순간" 출처 - 월간중앙 2002년 4월호.]

P는 사진 한 장을 화이트보드에 붙였다. '인셉션'이라는 영화 속 소재이다. 영화의 마지막까지 반전을 만들어내는 소재이기도 하다. 다른 사람의 꿈속에 들어가 생각을 훔쳐오거나, 또는 생각을 심어주는 소재를 사용한 영화인데 1단계 꿈, 꿈 속의 2단계 꿈, 꿈 속의 꿈 속의 3단계 꿈까지 들어가다 보니, 이런 작업을 하는 전문가들은 자기만의 '토템'을 가지고 있다고 한다. 토템을 보는 순간 이것이 꿈인지 현실인지 깨닫게 되는 도구이다. 물론 영화적인 상상이다. 그런데 현실에서도 이러한 상징물이 분명 존재한다.

"미란 선생도 인생의 절벽에서 자신을 일으켜 세우는 토템이 있을 겁니다. 저에게는 저 액자 속의 인물들이 모두 토템입니다. 제가 이 방에 들어올 때는 깊은 고민과 아픔을 안고 들어오는 순간이 많아요. 때로는 엎드려서 기도를 하기도 하고, 그냥 울기도 합니다. 저분들 앞에 서면, 제가 처한 상황에 꼭 맞는 분이 제게 꼭 필요한 조언을 들려줍니다.

"목적이 이끄는 삶을 사세요."   - 릭 워렌

"가치를 보고 투자하세요."   - 워렌 버핏

"ONE MORE, ONE MORE 한 사람이라도 더 살릴 수 있을 때 살려
주세요."   - 쉰들러

"지금 당장 꿈을 기록하세요."   - 존 고다드

"이제 직장인들을 위한 선교사가 필요합니다."   - 최봉오

"목숨 걸고 일하세요. 그러면 절대 죽지 않습니다."   - 오카노 마사유키

베이스캠프에서의 최고의 만남

"저의 롤모델은 모두 이곳 베이스캠프의 수많은 책과 연동되어 있습니다. 서로가 서로를 소개해 주어 새로운 만남이 수시로 일어납니다. 분야도 다양합니다. 어떤 사람은 저의 시간관리를 코치해 주고, 어떤 롤모델은 저의 가치를 챙겨 줍니다. 그리고 저에게 또 다른 필요한 부분이 생기면 맞춤형 저자를 소개해 줍니다."

P는 공병호 박사의 『자기경영노트』를 통해 피터 드러커를 소개받았다. 또한 피터 드러커의 『자기경영노트』를 시작으로 피터 드러커의 책

240

을 모두 서재에 세팅했다. P는 피터 드러커를 통해 '컨설팅'이라는 영역의 매력을 접하는 순간, 컨설팅과 컨설턴트 관련 서적들을 모두 모아서 읽어버렸다. 그리고 컨설팅 영역의 책을 읽으며, '멘토링'이라는 교육 트렌드를 소개받고 국내의 거의 모든 멘토링 관련 서적을 읽었다. 멘토링을 섭렵한 뒤에는 '코칭'이라는 영역으로 지식점프를 시도했다. 이런 트렌드를 이해하는 과정에서 컨설팅, 멘토링, 코칭의 영역에서 다룰 수 없는 힐링 영역을 소개받고 자연스럽게 '독서치료'라는 영역으로 독서의 폭을 넓혀 베이스캠프의 책장을 구성하게 된 것이다.

P는 하루키를 좋아한다. 그런데 사실 하루키를 좋아한다기보다는 하루키를 통해 소개받은 마라톤을 좋아한다.

"만약 바쁘다는 이유만으로 달리는 연습을 중지한다면 틀림없이 평생 동안 달릴 수 없게 될 것이다. 계속 달려야 하는 이유는 아주 조금밖에 없지만 달리는 것을 그만둘 이유는 대형 트럭 가득히 있다. 우리가 할 일은 '아주 적은 이유'를 하나하나 소중하게 단련하는 것뿐이다.

[출처 - 달리기를 말할 때 내가 하고 싶은 이야기]

P는 마라톤을 통해 베이스캠프의 지식체계를 지탱할 체력을 얻고, 지식을 추구하는 고된 지식노동자의 삶을 지속할 만한 인내를 단련한다. 결정적으로 그가 마라톤을 사랑하는 이유는 생각을 맑게 해주고, 생각을 정리하게 해주기 때문이다. 마라톤에 대해 이야기를 시작하는

피터 드러커   컨설팅

힐링   멘토링

P의 눈빛에 생기가 보였다. 미란은 본능적으로 P의 마라톤 사랑을 느낄 수 있었다.

그에게 마라톤은 우선 근본적인 시간관리의 체계에 영향을 미친다. 하루를 계획하는 새벽 BT^{Basic Time}를 과거에는 서재에서 했지만, 현재는 마라톤 시간에 병행하고 새벽에 일어나는 순간부터 마라톤을 마치고 돌아오는 시간까지는 수많은 감정과 사고작용이 교차한다.

"폴샘, 마라톤이 베이스캠프와 어떤 연관이 있나요?"

"마라톤은 시간관리, 건강관리, 지식관리 차원에서 저의 베이스캠프를 지탱하는 근간입니다. 아침에 90분을 달리는데, 달리는 거리는 11km 정도예요. 이 시간 동안 저는 하루의 모든 지식체계와 일정을 설계하죠. 사실 제가 달리는 것은 마라톤이라고 말하기는 부끄럽습니다. 그리고 저는 중간에 한두 번 걷는 구간이 있습니다. 근본적으로 걷거나 뛰는 그 시간만큼은 온전한 혼자만의 세계입니다. 그래서 몰입하기가 좋습니다. 세로토닌이 활성화되어 몸이 상쾌함을 느끼고, 뇌의 활동도 활발하게 일어납니다."

"쉽지 않을 텐데요. 사실 새벽에 일어나는 것도 어려운 일이잖아요."

"그래서 마라톤은 저에게 시간관리의 핵심입니다. 처음에는 저도 어려웠어요. 그런데 습관화하다 보니, 마라톤 이전에 새벽을 깨우던 그 어떤 방법보다도 이 방법이 저에게 잘 맞았습니다."

"그렇지만, 습관화를 단순히 의지나 마인드 차원으로 풀면 따라 하기가 참 어렵더라고요."

"미란 선생, 혹시 습관 다큐멘터리 기억나세요?"

"폴샘이 출연하셨던 그 KBS다큐멘터리요? 기억나죠!"

"거기서 습관 조절에 대한 기본적인 접근법을 소개한 것도 기억나죠?"

영상	키워드	내용
	習	어린 새의 날개와 둥지의 모양에서 습관의 글자가 생겨났다.
	慣	엽전의 가운데 구멍으로 줄을 넣어 여러 개를 꿰뚫는 것처럼 매일매일의 연습이 모여 마음 깊이 새겨진다.
	習慣	어떤 특정한 자극에 반복적으로 노출되거나, 어떤 특정한 행동을 반복적으로 행한 결과로 만들어지는 자동화과정 혹은 자동적인 행동.

습관을 고치려면 기본적으로 세 가지 단계를 거쳐 간다. 이를 ABC라고 부른다. 사람의 행동은 흔히 '행동의 ABC'라고 불리는 다음 세 가지 요소에 의해 이루어진다.

❶ Antecedents(선행 사건)

하나의 특정 행동이 일어나기 전에 존재하는 주위 환경 속의 자극을 말한다. 예를 들면, 매일 밤 몇 시간씩 게임을 하는 사람의 행동이 일어나기 전에는 항상 컴퓨터가 가까이 있게 마련이다.

❷ Behavior(행동)

어떤 상황에서 우리가 취하는 행동이나 습관, 생각들을 말한다. 좀 더

전문적인 말로 하자면 이렇게 우리의 주된 관심이 되는 행동을 표적행동이라고 부른다.

❸ Consequences(결과)

우리가 어떤 행동을 반복하게 되는 것은 그 행동의 결과에 달려 있다. 즉, 어떤 행동을 하고 좋은 결과가 있었다면 우리는 그 행동을 더 자주 하게 되고, 나쁜 결과가 있었다면, 우리는 그 행동을 하지 않게 된다.

부정적인 습관을 없앨 때는 선행사건을 바꾸는 것이 좋다. 환경을 조절하는 것이다. 선행자극을 찾았다면, 본격적으로 습관 고치기의 단계로 들어간다. 습관을 고치고 조절하는 것 역시 세 가지 단계를 거친다.

　　1단계 : 자기행동계약서를 작성하여 다른 사람과 공유한다.
　　2단계 : 자기기록의 과정을 통해 스스로 과정을 체크한다. 기록의 과정
　　　　　을 통해 행동이 객관화된다.
　　3단계 : 자기조절을 통해 습관의 변화를 실천한다.

P는 마라톤을 위해 저녁에 일찍 자는 결심을 가족과 공유하였고, 체크리스트에 체크를 시작하였다. 그러나 근본적으로 그가 마라톤을 습관화하는 데는 결정적인 선행자극과 환경이 존재하였다. 마음을 바꾸는 것보다 환경을 선택하는 것이 훨씬 효과적이라는 사실을 그는 마라톤을 통해 확인하고 있다.

"와! 새벽마다 뛰는 곳이 이곳인가요? 정말 아름다워요! 누구라도

뛰고 싶을 것 같아요."

"맞습니다. 한번 뛰면 또 뛰고 싶게 만드는 것. 이것이 바로 환경이며 선행자극이에요. 억지로 의지를 다지고, 마인드 컨트롤한다고 되는 게 아니더라고요."

"아무리 그래도 새벽에 일어나는 것은 어려울 것 같아요."

"저의 롤모델 하루키의 말 기억나죠? 뛰지 않을 이유는 트럭 한 대 분량이고, 뛰어야 할 이유는 적다. 우리가 할 수 있는 것은 그 적은 이유를 소중히 여기며 선택하고 단련하는 것이다!"

달리기를 포기할 이유는 너무나 많다. 그는 눈을 뜨는 순간부터 달리는 시간을 포함하여 달리기를 포기하게 만드는 수많은 마음의 동선을 이미 경험적으로 체득하고 있다. 포기하고 싶은 구간을 미리 알고 그 순간을 넘기려는 자기만의 방법을 찾은 것이다. 습관 조절의 핵심인 '연결고리'를 끊는 것이다.

P의 마라톤은 근본적으로 체력을 위한 습관은 아니다. 오히려 하루를 계획하고 지식을 조정하는 역할이 강하다. 마라톤을 하러 집을 나설 때 그는 전화기를 가져가지 않는다. 가장 가벼운 복장에 오직 볼펜 하나와 지식바인더의 빈 종이 한 장을 접어서 주머니에 넣고 간다. 출발과 함께 머릿속에 다양한 아이디어가 샘솟기 때문이다. 서재에 앉아있거나 사람들과 회의할 때는 잘 떠오르지 않던 말랑말랑한 창조력이 마라톤을 하면서 솟아난다. 처음에는 마라톤 도중에 이렇게 아이디어가 떠오를 때면 바로 멈췄다. 그런데 아이디어를 메모할 수는 있지만

가장 가까운 접근성

징검다리 건너는 길

깨끗한 트랙

강을 따라 난 풍경

달리던 흐름이 완전히 깨지고 말았다. 그래서 아이디어를 적은 뒤에 달리기를 멈추고 돌아간 적도 많았다. 이러한 문제점을 깨달은 뒤부터는 반환점까지 달리는 동안에는 웬만해서는 달리는 것을 멈추지 않고, 떠오르는 아이디어를 머릿속에 차곡차곡 모은다. 문제는 생각을 너무 많이 할 경우에는 이를 기억하기도 쉽지 않다는 것이다. 그래서 아이디어의 키워드를 찾아내고 연상기억법으로 머릿속 한켠에 흐름을 저장한다. 반환점에 도착하면 볼펜과 종이를 꺼내 쌓아둔 아이디어를 빠른 속도로 메모한다. 보통 한 번 달리면 20가지 정도의 아이디어를 그림과 글로 정리한다.

구간명	이불 천근	다리 천근	귀소 본능	택시 욕구	최종 고통
설명	일어나는 순간에 오만 가지 핑계 발생	달리기 시작한 후 10분	돌아갈 수 있는 거리를 넘어서는 구간	반환점을 지나 잠시 휴식 이후 귀차니즘	다 온 것 같은데 고개 들면 목표 멀다.
핑계	비가 올 것 같아. 오늘 쉬자	오늘따라 다리가 무겁네. 쉬자.	너무 멀어지기 전에 돌아가자.	길로 올라가서 택시 타고 가자.	아직도 여기야, 그냥 걷자.
해결책	피곤하지 않게 일찍 잔다.	뛰지 않고 가볍게 걷는다.	속도 내서 경계 넘어선다.	돈을 가져가지 않는다.	발만 보고 뛴다.

지금 어디에 있고, 어디로 가고 싶으세요?

P는 아주 오래 전, 열정적으로 강의를 시작할 무렵 자신이 강사로서 자격이 있는지 의문이 들었었다. 강연회장에서 청중들은 잠을 자기도 하고, 심지어는 일어나서 나가는 사람들도 있었다. 그 당시 절망한 그는 멘토를 찾았었다. 일 년에 한 번 정도 늘 그렇듯 그를 반갑게 맞아주며, 새로운 그림을 그려주는 멘토가 있었기 때문이다.

"폴 선생, 강의가 많이 힘들었나 봅니다."

"네, 힘든 정도가 아니라 포기하고 싶을 정도입니다. 청중의 눈이 보이지가 않아요. 제가 열정적으로 하면 할수록 뭔가 통하지 않는 것 같은 느낌이 들어요. 그 느낌이 너무 두렵습니다."

"지식을 전달하는 사람은 '프리젠터, 메신저, 커뮤니케이터, 이노베

248

이터'의 단계로 구분됩니다. 객관적인 정답이 아니라 성장구도로 보면 좋겠군요. 자신이 가진 지식을 전달하는 것에 매여 있는 수준이 있고, 청중과 공감하는 수준이 있습니다. 공감을 넘어 소통까지 가는 것은 커뮤니케이터 몫이죠. 그리고 청중으로 하여금 공감, 소통을 넘어 그 삶의 변화를 만들도록 하는 것은 이노베이터 수준이 될 것 같습니다. P 선생은 현재 어디에 있을까요?"

"이제야 제가 강의장에서 열정을 뿜어낼수록 왜 분위기가 싸늘했는지 이유를 알 것 같아요. 저는 프리젠터였습니다."

"낙심하지 말아요. 내가 폴 선생에게 정말 하고 싶은 이야기는 그것이 아니었습니다. 이 표는 현실을 인식하는 데 도움이 되시라고 그린 겁니다. 자신의 위치보다 더 중요한 것은 자신입니다. 제가 그림으로 그려보죠. 성과와 관계, 경험과 이론 사이에 존재하는 수많은 교육전문가를 폴 선생이 저와 함께 그려볼 겁니다. 그리고 그 속에서 시대적인 교육시장의 상황을 함께 고민해 보죠. 결국 찾아야 할 것은 미래에

지식전달자의 성장단계

기준	강사 클래스 1	강사 클래스 2	강사 클래스 3	강사 클래스 4
명칭	프리젠터	메신저	커뮤니케이터	이노베이터
강의목적	전달	공감	소통	변화
영향력범위	강의 중 특정 순간	강의 전체	강의 이후 당분간	삶과 인생 전체
강의방식	강하게 연설하듯	진심으로 대화하듯	섬세하게 경청하듯	평생 동행하듯
강의비주얼	텍스트 위주	그래픽 위주	키워드 위주	청중이 던진 주제
강사의 눈	아무도 안 보인다.	한 사람이 보인다.	가끔 눈을 감는다.	모두의 눈이 보인다.
청중 반응	당신 말 잘 들었다!	맞아, 정말 그래!	이건, 내 이야기야!	이제 달라질 거야!
강사의 호흡	언제 쉴지 모른다.	계획대로 쉰다.	청중과 함께 쉰다.	숨소리로 강의한다.

가고자 하는 방향입니다.”

P가 삶의 절망과 구체적인 무게 앞에서 힘에 겨워 멘토를 찾을 때면, 그분은 거대한 시대를 바라보고 자신의 위치와 방향을 생각하게 도와준다. 베이스캠프 역시 그분의 화이트보드에서 시작된 것이다.
  “폴 선생, 자신만의 공간이 필요합니다. 시간과 공간이 만나 의미를 만들 수 있어요. 자신만의 서재를 지금부터 만들어 보세요.”

교육전문가의 존재역할 포지셔닝

북 코너 - 사고 발전단계별 도서 배치

깊이 사고하는 책

통찰을 하게 하는 책

판단을 위한 책

이렇게 시작된 베이스캠프는 일 년에 한 번 정도 멘토의 방문으로 더욱 탄탄해지고 있다. P는 멘토의 방문으로 새롭게 구성된 코너를 소개해 주었다. 그러고 보니 미란이 이전 인터뷰에서 보지 못했던 코너였다. 깊이 사고하는 사고법의 책들과 넓게 사고하는 통찰의 책을 구분한 것이다. 그리고 이러한 깊은 사고와 넓은 통찰을 바탕으로, 결정하고 판단하는 힘과 관련된 책들로 분류되어 있다.

사고의 기록과 통합모형

사고의 방법을 돕는 책   결과적으로 형성된 '력' 시리즈

생각의 지도, 생각의 도구, 생각의 모형, 그리고 다빈치의 노트 등 생각을 구조화하고 모형화하는 책들을 모아 'MAP'이라는 주제를 잡고, 영향력, 질문력, 숫자력, 가족력, 메모력, 예측력, 지도력, 간파력 등 내면의 통찰을 '힘'으로 표현한 책을 모아서 구성하였다. '력' 시리즈는 이미 일본에서 큰 트렌드가 되었으며, 한국에서도 한참 트렌드가 되고 있다.

서재 인터뷰로, P는 평생을 통해 추구한 모든 것을 미란에게 아낌없이 꺼내 주었다. 어쩌면 인터뷰를 하며 배운 것만으로도 미란은 평생의 멘토링을 이미 다 받은 것이었다. 집으로 돌아가는 길에, 스마트폰으로 메일 도착 알림이 울렸다. P가 인터뷰를 마무리하고 보낸 것이다. 파일이 하나 첨부되어 있었다. 파일을 열었더니 별다른 내용이 없고 오직 숫자 하나가 적혀 있었다.

　'30'

　무슨 뜻일까. 한참 고민하고 있을 때, P에게서 문자 하나가 도착했다.

　'미란 선생, 티켓 하나를 보냈습니다. 30회 사용권입니다. 일 년에 한 번 정도 사용하시면 적당할 겁니다. 저와의 멘토링 초대권입니다. 삶이 막힐 때, 더 이상이 앞이 보이지 않을 때 오세요. 부족하지만 제가

당신의 멘토가 되어 드리겠습니다.'

······10년 후.
'딩동'
"누구세요?"
"안녕하세요. 김미란 박사님 만나러 왔습니다."
"어서 와요. 선희 선생. 잘 찾아왔네요."
"박사님, 그런데 여기는 살고 계신 집인가요, 아니면 서재인가
 요?"
"여기요? 인생의 마법이 시작되는 곳입니다." ♠

성장곡선처럼 독서습관이 처음부터 통찰에 이르기에는 무리가 많습니다. 이론적으로는 가능하지만 실제 삶에서 그러한 수준에 이르는 것은 매우 어려운 일입니다. 중요한 것은 충분한 통찰이 일어나지 않더라도 지속적으로 그 작업을 해야 한다는 것입니다.

본질을 추구하는 독서를 통해 질문을 도출하고 변화의 적용점을 찾는 게 습관화되면 그 다음부터는 변화가 변화를 만들고 때로 변형을 이루어 빅뱅이 일어납니다. 제가 본질을 추구하는 삶을 지속했을 때, 제 머릿속에는 다양한 사고의 통합과 융합이 일어납니다.

정말 자신이 무엇을 좋아하는지 안다는 것은 평생의 자산이다.
자신만의 서재를 만든다는 것은 정말 좋아하는 일이어야 한다.